Études Étymologiques Sur Les Noms Des Villes, Bourgs, Villages, Hameaux, Rivières Et Ruisseaux De La Province Du Brabant

A.-G. Chotin

ÉTUDES ÉTYMOLOGIQUES.

Tournai. — Imp. de Malo et Levasseur.

ÉTUDES

ÉTYMOLOGIQUES

SUR LES NOMS DES VILLES, BOURGS, VILLAGES, HAMEAUX, RIVIÈRES ET RUISSEAUX

DE LA PROVINCE DU BRABANT,

PAR

A.-G. CHOTIN,

Docteur en droit, Chevalier de l'Ordre de la Couronne de Chêne des Pays-Bas,
Membre de la Société des sciences, des arts et des lettres du Hainaut,
de la Société Royale des beaux-arts et de littérature de Gand.

Antiquam exquirite matrem.
Virg. Æneid., II. 96.

PARIS
RUE BONAPARTE, 66.
P. LETHIELLEUX, libraire,
dépositaire de la maison Casterman
de Tournai.

BRUXELLES
MONTAGNE DE LA COUR, 75.
ÉMILE FLATEAU, lib.-édit.,
et chez les principaux libraires
du pays et de l'étranger.

MALO ET LEVASSEUR,
éditeurs.

PROLÉGOMÈNES.

I.

Les Commissions provinciales de Statistique furent invitées, le 12 mai 1843, à former un tableau nominatif de toutes les communes urbaines et rurales de la province avec l'indication étymologique des noms de ville, bourg, village et hameau.

Deux provinces seulement répondirent à cet appel de M. le Ministre de l'Intérieur. Feu le savant Willems présenta un mémoire remarquable sur l'origine et l'orthographe des anciens noms des communes de la Flandre Orientale (1). La Commis-

(1) M. J.-J. De Smet, chanoine pénitencier de la cathédrale de Gand, a publié en 1850, dans les *Mémoires* de l'Académie royale de Belgique, tome XXIV, un travail sur le même sujet; il y signale quelques erreurs commises par M. Willems. Ces trois savants n'ont pas donné la synonymie des noms de hameau. Nous la donnons dans ces études.

sion Centrale de Statistique ordonna l'impression de ce mémoire, et le signala aux autres provinces comme un guide pour leurs recherches étymologiques.

De son côté, la Commission de Statistique de la province d'Anvers chargea M. Krekelinger de faire, d'après ce modèle, un travail analogue pour les communes de cette province qui fut adopté par elle.

Cette invitation de M. le Ministre de l'Intérieur fut accueillie avec faveur, comme elle méritait de l'être, par tous les amis des études historiques et archéologiques, par tous les écrivains, en un mot, dont le cœur bat au nom de patrie.

En effet, aucun des royaumes qui nous entourent, et dont on se plait tant à prôner chaque jour les progrès et les lumières, n'avait point, jusqu'ici, invité les savants à entrer dans ce dédale de la science et à soulever le voile épais qui couvre cette partie de nos antiquités : l'archéologie onomastique. Néanmoins sept provinces restèrent sourdes à l'invitation ministérielle.

Occupé à des travaux littéraires d'un autre genre, étranger à ce qui se faisait au sein de la Commission Centrale de Statistique de Belgique, notre attention fut tout à coup éveillée par une question proposée en 1855 par la savante Société provinciale des Sciences, des Arts et des Lettres du Hainaut. C'était celle-ci : « Donner l'origine et l'étymologie historique des noms des villes, bourgs, villages et hameaux de la province du Hainaut. »

Nous traitâmes cette question, et quoique le temps pour la remise d'un mémoire en réponse à une question aussi ardue, fût beaucoup trop restreint, et que les instruments manquassent à l'ouvrier (1), nous eûmes la satisfaction de voir notre travail couronné par la savante Compagnie.

Ce succès nous enhardit, et nous suggéra l'idée de faire pour les autres provinces un semblable travail. Deux grandes années d'études ont été consacrées à ces recherches. Nous offrons aujourd'hui les étymologies du Brabant.

Dans ce travail, très-compliqué, nous avons dû appeler à notre secours la langue, les antiquités, les usages religieux des Celtes et des Romains; la langue romane, la vieille langue teutonique et ses nombreux dialectes, l'anglais, le flamand, le hollandais, le frison, le sicambre et le saxon; car c'est à ces idiomes divers qu'il faut demander la synonymie des noms des localités du Brabant et des autres provinces de la Belgique.

Ce travail, nous nous plaisons à l'espérer du moins, sera accueilli avec faveur par les personnes sérieuses. En effet, les études étymologiques ont pour but de réveiller le sentiment de la personnalité locale. Partout on s'enquiert de la vie passée de nos municipes; on recherche quelles traces les plus simples

---

(1) Nos bibliothèques publiques, celles même de Gand et de Bruxelles sont pauvres en lexiques sur la langue celtique. Elles devraient au moins posséder les dictionnaires les plus indispensables tels que :

Hoeufft, taalkundige bydragen, etc. Breda, 1816.

Bullet, mémoires sur la langue celtique, 1754. 3 vol.

Lebnitii collectanea etymologica celticæ linguæ, 1717. 2 vol.

Le diction. rom. wal. tudesque de Don Jean François, 1777. In-4°.

Celtic researches by Ed. Davies. London, 1804.

A Pronouncing Gaelic dictionnary by Neil M'Alpine. Edimbourg (sans date), imprimé pour l'auteur.

Le diction. de la langue Bretonne par Don Louis Lepelletier. Paris, 1752, in-fol.

Le diction. français celtique par Grégoire de Rostrennen, prédicateur capucin. Rennes, 1722.

Die Bedeutung der Böhmischen Dorfnamen, par Jacobi, prof. à l'université de Leipzig.

bourgades ont laissées à travers les âges ; on veut savoir l'époque de leur naissance ; on brûle surtout de connaître ce que
signifie leur nom ; on est avide de savoir à laquelle des périodes
celtique, romaine, saxonne ou franke appartient chaque localité. C'est pour répondre à ces désirs de la science, à ces pa-
triotiques aspirations, que nous nous sommes livré à ces
études étymologiques ; car souvent l'analyse des noms de lieu
détermine à laquelle de ces époques remonte l'existence des
diverses localités ; il importe souvent pour l'historien de connaître l'étymologie des noms propres des villes, car elle suffit
maintefois pour le mettre sur la trace de leur origine, et rec-
tifie, en même temps, la géographie si intimement liée à
l'histoire.

Pour ce qui concerne les documents statistiques sur la population, l'étendue des surfaces, etc., ces détails n'entrant
point dans notre plan, nous les avons négligés. Un étymon
n'est point une géographie. Quand cela a paru nécessaire pour
justifier la synonymie donnée, nous sommes entré dans des
détails topographiques, ressuscitant ici un golfe; là, la chaussée
romaine, plus loin un vieux monastère enseveli sous la terre
avec ses moines.

Une observation pénible que nous avons faite dans le cours
de nos travaux et qui concerne plus particulièrement les Flandres que le Brabant, est celle-ci : c'est que, encore quelques
années, la plupart des villages ne posséderont plus ces vieilles
dénominations de hameau qui caractérisent si heureusement la
situation topographique et qui sont, pour l'historien aussi bien
que pour l'archéologue à la recherche des antiquités, comme
autant de jalons et de fanaux.

Une manie déplorable s'est introduite dans l'administration

communale de beaucoup de villages. Elle semble remonter au temps du régime français. C'est de diviser toutes les communes en différentes sections. Je n'en citerai qu'une seule, celle de Boucle–St–Blaise. Elle est divisée aujourd'hui en huit sections dans le dictionnaire géographique de Havard. On y trouve cependant le hameau de *Hoogenherweg* qui nous indique l'endroit où passait dans ce village la voie romaine. Dans d'autres communes ce sont le moustier, l'abbaye, le bois des moines, le vliet qui se sont effacés pour faire place aux dénominations insignifiantes de 1re et 2e section, de section A, section B; partout enfin le style moderne et pâle de la bureaucratie tend à remplacer l'énergique et brillant coloris de langage de la tradition et des temps primitifs.

Malheureux que dévore la soif de tout moderniser, ah ! de grâce, respectez ces restes vénérables des vieux temps ! cessez de porter le coup du Vandale à la langue de vos ancêtres, aux naïves et fidèles légendes qu'ils vous ont transmises. La tradition est aussi une relique que l'on ne peut briser sans encourir le reproche d'impiété. Griethoeck, Groeninghen, Keiser Karel, Steen, Doodebeek, Screyboom, Prekeboom, Beverhoutsveld, en parlant au cœur, vous rappellent à la fois le glorieux souvenir de vos princes magnanimes, le patriotisme, l'esprit d'indépendance et la gloire artistique de vos aïeux !

Il est donc urgent de recueillir et d'interroger, tant qu'ils sont encore debout, ces vieux noms de hameau.

> . . . . . Disons ce que nous avons vu ;
> Hâtons-nous. Dépeignons tous ces débris célèbres ;
> A l'aurore, peut-être, ils auront disparu !

Nous avons suivi, pour notre examen, le dictionnaire des communes de Belgique, publié par M. J.-M. Havard, premier commis au ministère de la justice, seul guide que nous ayons eu pour nous diriger, et que l'on doit considérer comme officiel. Il laisse néanmoins beaucoup à désirer sous le rapport de l'indication et de l'orthographe des noms de hameau. Il a dû conséquemment nous fourvoyer quelquefois. Souvent aussi, nous avons suppléé à son silence. C'est ainsi que cet auteur donne deux villages du nom de Oesselghem ou Ousselghem dans la Flandre Orientale, arrondissement de Thielt. Ces deux noms désignent le même endroit.

L'excellent ouvrage de l'érudit et infatigable M. Wauters, *Histoire de Bruxelles et de ses environs*, nous a été d'un très-grand secours. Notre plume a beaucoup puisé à cette source abondante et pure.

Notre travail aura pour effet de rétablir l'harmonie entre l'origine et l'orthographe des noms, et fera restituer à leur propre idiome un grand nombre d'entr'eux, flamands ou romans, revêtus jusqu'ici d'une onomastie étrangère.

Nous avons, en outre, compulsé les documents anciens qui font connaître les différentes formes que ces noms ont revêtues. Cet examen nous met à même de rectifier ce que l'usage y a introduit d'anormal. En effet, les noms des communes sont parvenus jusqu'à nous altérés, souvent méconnaissables. Ceux des hameaux sont tronqués pour la plupart. Maintefois la même section de village est représentée sous deux ou trois formes différentes, et son orthographe est presque toujours vicieuse. Cela provient de l'anarchie qui a régné longtemps dans l'orthographe des langues vulgaires et de la prononciation toujours abréviante des habitants. « Vraiment, dit le savant Willems, tant de causes ont contribué à vicier leur orthographe, que nous ne savons pas même si les diplomes les plus anciens nous représentent les désignations primitives. »

Tout est sujet au changement, dit **Wastelain** (1). La surface de la terre n'en est pas exempte ; les noms qui servent à en désigner les différentes parties, ont leurs variations comme les républiques et les monarchies qui la partagent, ont leurs révolutions.

On peut se faire une idée des changements de forme qu'ont subis les mots primitifs en arrivant jusqu'à nous, tant dans les terminaisons que dans leurs premiers radicaux, par celui-ci :

Le mot eau, en latin *aqua*, se trouve dans le dictionnaire roman de Roquefort sous les formes suivantes.

On a dit pour eau : *ae, aez, aage, aige, aau, age, aië, aise, aiffe, aige, aigne, aique, aive, aiwe, awe, eage, eagues, aigues, eaige, eauw, eawe, eeue, effe, effve, eve, iaue, iauw, iave, yave, yawe.*

Ajoutez *oigne* qui entre dans plusieurs mots du Brabant et *ogne* mot luxembourgeois-français, comme dans Lupoigne, Jodoigne, Recogne.

Le mot eau, en celtique et en celto-teutonique est tout aussi riche en modifications. On trouve, *a, ade, ac, ak, ake, ack, is, isc, iche, ik, ick, ay, ee, ede, cede, ei, ey.*

Voici, par ordre alphabétique, la liste des désinences ordinaires des noms qu'on est convenu de nommer suffixes.

A, ADE, eau.

AERD, AERDE, ARDE, terre labourable, lieu d'un marché, place.

AK, AKE, eau, courant d'eau.

AUWE, AVE, eau, quelquefois prairies, ne pas confondre avec ouwe.

AY, eau.

BEKE, BEEK, ruisseau.

BERG, BURG, montagne, port, fort, lieu fortifié d'une manière quelconque.

BODE, bas-fond.

BRIEL, marais couvert de broussailles.

BROEK, marais, terrain ordinairement cultivé en prairie.

BUSCH, BOSCH, bois.

(1) Description de la Gaule Belgique, selon les trois âges. *Lille,* 1761.

CAUTER, KAUTER, culture, terrain cultivé.

KOT, KOTE, chaumière.

DAEL, DALE, DELLING, vallon.

DAM, digue.

DINGEN, TINGEN, lieu où se tenaient les plaids.

DONK, éminence, hauteur, située dans un terrain bas et marécageux.

DRECHT, TRECHT, TRICHT, passage.

DRIESCH, DRIES, terre en friche, ce mot répond aux TRIEUX du Hainaut, et aux TRI, TRIE, TRIXE, TRIXHE du pays de Liége. C'étaient des terrains communaux soumis à la vaine pâture.

EEDE, EDE, eau.

EI, EY, eau.

ESSCHE, frêne, souvent aussi plaine cultivée.

GAVER, prairie.

HAM, pâcage, pré, enclos.

HEIM, HEM, et même EM par la suppression de la lettre aspirée h, demeure, manoir entouré par des haies ou des fossés.

HIL, HILLE, HULLE, colline.

HOEK, angle, coin.

HOF, HOVE, court, manse, manoir.

HOLT, OLT, HOUT, bois, forêt.

INGE, ENGE, prairie, quelquefois pâturage communal.

LAER, LARE, terrain vague et communal. Ce que Ducange explique par *terræ arabilis portio aut quovis alio modo clausa, septum, sepimentum.*

LEDE, LEE, LE, LEEUW, LEYE, passage d'eau ou de terre, chemin.

LOO, LE, LO, hauteur boisée, quelquefois *locus* tout simplement.

MAEL, lieu où se tenait le mallum.

MAT, pré.

MEER, lac, marais.

MUYDE, MUTHE, MUNDE, embouchure de rivière.

NESSE, NISSE, lieu humide et bas.

ODE, désert, endroit inculte.

OUWE, terre.

OOS, EUS, eau.

RODE, ROO, terrain défriché, essart.

RONNE, ruisseau.

SELE, SEEL, SEL, ZELE, manoir, propriété, établissement.

SCHOOT, SCHOL, SCHAT, enclos fortifié par des fossés ou par des palissades.

STAL, écurie, étable, lieu, établissement.

STEEN, STE, demeure, villa, domus rustica.

STEEN, manoir fortifié.

TERE, TRE, arbre.

VIC, WYK, hameau, vicus.

VOORDE, route, passage.

VURSTE, forêt.

WAERD, WAERT, WEERT, WEERD, terre primitivement couverte d'eau, puis desséchée et entourée de digues.

WALE, WELE, tournant d'eau, source, fontaine.

WENDE, WINDE, tournant.

WIENZE, WIEZE, prairie.

YDEL, UDEL, vuide (1).

(1) L'interprétation de ces suffixes ne nous appartient pas. Elle est de Hoeufft, Willems, Geldorf, Krekelinger et autres.

II.

Quelle est l'origine des villages et des villes ? -- Quelles sont les sources diverses d'où découlent leurs noms ? — A quelles langues les noms de ville et de village du Brabant sont-ils empruntés ? — Qui a latinisé les noms celtiques, romains, teutoniques et romans ?

En prenant la société dans son enfance, c'est-à-dire dans le temps où, pour la première fois, les hommes réunis par le besoin ou par toute autre nécessité, se sont décidés à vivre en petites communautés, ils habitèrent vraisemblablement les parties du pays qui leur parurent les plus commodes, les plus agréables et les plus susceptibles de fournir à leurs besoins. Ces besoins étaient fort restreints, sans doute, et pour se faire une idée de la vie simple et de l'état de nature, en quelque sorte, de nos premiers ancêtres, il suffirait de se rappeler les mœurs austères et la vie frugale des villageois du milieu du siècle dernier.

Ce fut donc le long des fleuves, sur les bords des ruisseaux, ce fut dans les gras pâturages que les premiers habitants de nos provinces s'établirent. On remarque que les plus anciennes villes, chez nous comme ailleurs, sont celles situées près des grandes rivières.

. Lorsque les Celtes commencèrent à s'établir dans un pays, dit Pelloutier (1), ils ne jugèrent point à propos de bâtir des villes et de s'y renfermer. Chaque particulier s'établissait dans

(1) Histoire des Celtes, I, page 243.

une forêt, au pied d'une colline, le long d'un ruisseau, au milieu d'une campagne, selon qu'il aimait ou la chasse, ou la pêche, ou l'agriculture. Tacite a écrit aussi (1) que les Germains n'avaient point de villes et qu'ils habitaient isolément. *Nullas Germanorum populis urbes habitari satis notum est, ne pati quidem inter se junctas œdes. Colunt discreti ac diversi ut fons, campus, nemus placuit.*

Avec le temps, les maisons isolées se multiplièrent et formèrent un ensemble auquel on donna le nom de village, *vicus* (à vicinis habitationibus.)

Ce n'est point du pur hasard que les lieux ont reçu leurs noms; les sources d'où ils proviennent sont les suivantes :

a) Le règne végétal ;

b) Le règne animal ;

c) La qualité et la couleur du sol, son état physique ;

d) Les influences climatériques ;

e) La position locale relativement à la surface de la terre ou aux contrées célestes;

f) Une cause subjective, c'est-à-dire esthétique ;

g) Les noms de rivière, de fleuve, de ruisseau, de peuple, de personne ;

h) Les impressions du souvenir, tels que combats, batailles, naufrages;

i) Les impressions des mœurs, usages et coutumes et de religion ;

k) Les instruments aratoires, l'industrie, les armes, les métaux, les travaux humains.

Les noms que l'on est convenu d'appeler noms de situation,

---

(1) Tacite, lib. I, cap. 13.

ne sont, à proprement parler, que de courtes descriptions de lieu. A cette classe de noms, qui est la plus nombreuse et la plus parlante, appartiennent tous les noms dans lesquels entrent comme radicaux les mots *mont, vallon, marais, prairie, bois, bas, haut, humide, sec* et autres semblables radicaux physico-descriptifs. (c)

La proximité d'une colline, d'une montagne; le voisinage d'une fontaine, d'un ruisseau; une plantation vieille et en quelque sorte primitive d'une essence d'arbres particulière, couvrant une certaine étendue de terrain comme de chênes, de frênes, de tilleuls, d'ormes, de saules, furent pour les premiers habitants du pays comme autant d'indicateurs, comme autant de monts-joie (1) auxquels ils reconnaissaient et faisaient reconnaître leurs bourgades, leurs mansals, d'autant plus difficiles à reconnaître alors, qu'il ne s'élevait point, comme aujourd'hui, des campaniles aux flèches sveltes et élégantes, aux formes différentes, qui distinguassent les villages les uns d'avec les autres. Nos pères donnèrent donc à leur petite communauté le nom de ces bois, de ces plantations, de ces monts, de ces vallons. Citons quelques exemples : Alsemberg, Grimberg, Montaigu, Braine, Berghem-St-Laurent et Ste-Agathe, Issche, Bueken, Chaumont, Dieghem, Linden, etc.

On remarque que la terminaison *oi*, dans un nom de lieu roman, indique assez constamment que celui-ci a tiré son nom d'un groupe d'arbres ou d'une plante quelconque. Ainsi : *Quesnoi, Fresnoi, Tilloi, Saussoi, Aulnoi, Couroi, Rouvroi*, qui se nomment en latin *Quercetum, Fraxinetum, Tiliacum,*

---

(1) Les monts-joie étaient des enseignes de chemin telles que des croix, des monceaux de pierres, de grands arbres, des montagnes vues de loin, à l'approche desquelles les voyageurs se réjouissaient : *le mansal était près de là !*

Salicetum, Alnetum, Coryletum, Roboretum, rappellent des bois de chênes, de frênes, de tilleuls, de saules, d'aulnes, de coudriers, de chênes-blancs.

Au contraire la terminaison romane *ai*, comme la terminaison celtique *isk, is, ak*, indique que le village se trouve près de l'*eau*.

Si nous passons des noms de lieu aux noms de famille, nous verrons que ces derniers se sont formés à peu près de la même manière.

Jusqu'aux X⁰ et XI⁰ siècles, les hommes ne se désignaient que par des sobriquets indiquant leur qualité physique, telle que la grandeur, la difformité ; et ces sobriquets, plus ou moins altérés, sont l'origine des noms bourgeois et roturiers : *Le grand, Le long, Le roux, Le beau, Le camus, Maureau, Rougeot, Vaillant*. Les professions donnaient ceux de *Cambier* (brasseur), *Couvreur, Pelletier, Boucher, Masson, Pélissier. Normand, Picard, Sarrasin, Flamand* viennent des origines nationales (g).

Il y eut aussi des hommes qui ne gardèrent que leur nom de baptême devenu insensiblement nom de famille : *Mathieu, Vincent, Germain*. Enfin dans les villages, les noms de famille, pour la plupart, tirèrent aussi leur origine d'une localité. De là sont provenus les noms de *du Bois, du Mont, du Rieu, de la Fontaine, du Pont* (a, k).

Mais revenons au sujet principal. Un jour vint que nos pères jetèrent sur les ruisseaux pour pouvoir communiquer d'une rive à l'autre, une planche solide, un tronc d'arbre ; et ces ponts rustiques, ces passages furent pour la bourgade une cause nouvelle de désignation locale : *Vaillienpont, Cortrecht, etc.* (k).

La vache, la chèvre, les bœufs, les oies et autres volailles constituèrent d'abord toute leur richesse rurale. Par la circonstance que l'une ou l'autre espèce de bétail ou de volaille était plus abondante ou l'objet de plus grands soins dans l'une que dans l'autre agglomération, sont venues les dénominations qui rappellent ce genre d'exploitation et qui sont parvenues jusqu'à nous : *Cobbeghem, Ganshoren, Bigaerden, Bulsem, Boxtal* (b). Il faut donc attribuer au règne animal tous les noms de village commençant par *Ever* (sanglier), *Wolf* (loup), *Beer* (ours), *ros* (cheval), *bolle* (taureau), *os* (bœuf), *cob* (poule), *bigge* (pourcelet), *bye* (abeille), et autres.

Le matériel d'agriculture de nos premiers pères a dû être fort simple. On n'employa les chevaux à la charrue et au tir des banneaux que fort tard. L'usage de ces derniers, connus des Romains, ne s'établit que lorsque les villageois éprouvèrent le besoin d'échanger leurs produits, et à mesure que les chemins de communication s'étendirent. Cette amélioration a dû être fort lente, quand on se rappelle qu'au XVIᵉ siècle, les routes pavées n'existaient pas encore en Belgique.

Il resta naturellement dans les villages dont le territoire était grand, des endroits incultes, tels qu'une bruyère, des buissons, des plaines arides, des dunes ; et quand il se détacha de la bourgade des familles pour aller cultiver ces endroits déserts, elles donnèrent à ces localités le nom du buisson, de la bruyère qu'elles avaient essartée, en y ajoutant le nom du premier occupant. De là le grand nombre de noms de village, mais surtout de hameau dans la composition desquels entre le mot rode : *Altenrode, Rodenberg, Rhode-Sⁱ-Genest, Rhode-Sᵗᵉ-Agathe, Rou-Miroir, Waenrode*, et dans le Brabant français le mot sart (essart) *Sart-Damas-Avelines, Maransart, Rixensart* (a et k.).

Il arriva aussi que la population accrue de la bourgade sentit le besoin de quitter le centre pour aller s'établir à l'extrémité du village, et ces écarts ou hameaux, car telle est leur origine, prirent comme adjonction au nom du village une dénomination qui les distinguât du centre aux yeux des bourgades voisines, tout en indiquant la filiation, en quelque sorte, du hameau avec la commune mère ; comme *Thorembais, Thorembisoul, Jandrain, Jandrenoul.* (f)

Entrons encore dans quelques détails qui donnent la clef de la dénomination de certains villages.

Ici un riche seigneur établi dans la plaine se faisait des clients. Les demeures qui, sous sa protection, se groupaient autour de la sienne, prenaient le nom de ce seigneur auquel on ajoutait le mot *hem, om, um,* dont la véritable signification est *groupe de maisons.* A cette catégorie appartiennent dans le Brabant *Bautersem, Wolverthem, Wommersom, Berthem, Bodeghem-Ste-Marie,* etc. (g) Le mot *zele* ou *sele* est un souvenir d'anciennes salas (manoirs).

Une ferme, *cortis, hoba, hoeve,* attirait des ouvriers au pied de leur travail, fixait des serfs auprès du maître. C'est l'origine des villages dans les noms desquels on trouve ajouté au nom du fermier primitif, la terminaison germanique *hove, hoven,* ou la terminaison romane *court.* De là les villages brabançons du nom de *Incourt, Gossoncourt, Gussenhoven, Boyenhoven.* (g k)

Très-souvent une simple bergerie, une porcherie, une étable, une grange donnait son nom à la localité. Telle est la source des noms de *Howardrie* dans el Hainaut, de *Lampernesse,* dans la Flandre occidentale, de *Ostede, Hoxem, Boxstal, Machelen,* dans le Brabant. (b)

Si la famille celtique ou germanique avait établi son mansal sur le bord d'un lac, d'un étang, d'un golfe, de la mer, etc., le nom du village indiquait nécessairement cette situation :

Laeken, Leeuwen, La Hulpe, Ghetenaeken, Cumptich, dans le Brabant, *Wulpen, Oostdun*, dans la Flandre occidentale. (c) Quelquefois la bourgade prenait gîte à la jonction de deux ruisseaux ; de là *Tubeek, Tubise ;* ou bien dans un lieu baigné à la fois par trois ruisseaux qui en faisaient en quelque sorte une île ; de là *Werchter, Trivières*, dans le Hainaut. (c)

C'est ainsi qu'ont dû se former les villages et les hameaux. Telles sont les sources d'où découlent la plupart de leurs noms. Trois circonstances particulières qu'il importe de faire remarquer ici, y ont ajouté plus tard. Ce sont : 1° la conquête de la Gaule belgique par les Romains ; 2° l'immigration et la translation des peuples saxons par Charlemagne dans nos provinces, dont les effets, toutefois, se sont faits sentir plus en Flandre que partout ailleurs ; 3° l'établissement de la religion chrétienne. (k)

Sous la domination romaine, nous trouvons des autels, des tombeaux, des voies, des temples élevés par les soldats du peuple-roi aux grands dieux du paganisme. Quelques-uns de ces monuments donnent dans nos provinces leur nom aux localités. Les Saxons laissent aussi çà et là leurs noms aux villages. (g)

Vers la fin du IV° siècle, le flambeau de la religion chrétienne commence à faire pâlir les ténèbres du paganisme. Les dieux du Nord et du Capitole le cèdent enfin à celui qui naquit à l'Orient et le peuple mutile ses idoles pour embrasser la croix. On y voit s'élever les premiers oratoires, tous construits en bois, la plupart sous l'invocation des premiers apôtres du pays, et de la mère de Dieu. (i)

C'était ordinairement sur les ruines des temples païens qu'on élevait les églises, et souvent l'autel de Marie remplaçait celui de la déesse des bois, selon cette parole du prophète Ezéchiel :

ubi erat statutum idolum, ecce ibi gloria Israel, où était placé l'idole, on célébrera la gloire d'Israël. Il en fut ainsi à Arlon à qui la fameuse ara de Diane a donné son nom :

Ara fuit lunæ quæ nunc ara Mariæ.

Et l'histoire de la plupart de nos grandes villes nous montre souvent les premières églises construites sur les débris des temples païens, et sur les places consacrées à leurs idoles.

Vers le milieu du IXe siècle, une bonne moitié du territoire de la Belgique était en la possession des monastères par un effet de la libéralité des Empereurs et des Rois. Hommes de mœurs simples et pures, étrangers aux passions et au monde, nos premiers moines donnaient dans leur solitude l'exemple d'une vie laborieuse, frugale et utile à l'humanité. Véritables colonies chrétiennes appelées à renouveler la face de la terre, leur établissement avait été salué partout d'un bienveillant accueil. C'est aux premiers moines, aidés de leurs clients et de leurs serfs, que revient la gloire d'avoir défriché notre pays. En apprenant à nos pères à bien vivre, ils leur apprirent aussi à bien cultiver. Leurs monastères devinrent en peu de temps le centre de l'agriculture. Sous leurs cognées et sous leurs bêches, les forêts disparurent en grande partie ; les landes furent transformées en terres arables ; les marais, desséchés ; le sol sablonneux, fixé et fertilisé. A leurs travaux, on croit reconnaître le dieu de la création dont parle Ovide :

Jussit et extendi campos, subsidere valles,
Fronde tegi silvas, lapidosos surgere montes.

Là ne se bornèrent point leurs bienfaits. On sait que la plupart des abbayes, telles que Lobbes, Gembloux, St-Martin, de

Tournai, avaient aussi érigé des écoles que fréquentaient les enfants laïques ; et ce fut aussi dans ces cloîtres que les sublimes
productions des plus grands génies de Rome et d'Athènes trou-
vèrent un asyle contre la destruction et l'oubli, pour passer de
siècle en siècle jusqu'à nous.

Qu'on n'aille pas croire, surtout, que ces monastères aient
recherché l'aisance ou l'opulence. Nous les trouvons la plupart
établis au milieu des bois, au fond des marais. L'abbaye d'Eeck-
hout, près de Bruges, s'élevait au milieu d'une forêt de chênes,
comme l'indique suffisamment son nom ; celle des Dunes, sur
le bord de la mer ; les abbayes de Groendael, de Rouge-Cloître
de Sept-Fontaines, de Bois-Seigneur-Isaac, de Cortenberg, de
Bigaerden, de la Cambre-Ste-Marie, de Forêt et de Nivelles se
trouvaient dans l'antique bois du soleil, in Zonniâ silvâ. « Rien de
plus désintéressé d'abord que les fondateurs. Ils arrivaient dans
un endroit avec leur foi, leur courage, une pioche et une co-
gnée, ainsi que les colons d'Amérique. Ils abattaient quelques
arbres, remuaient cette terre que le fer n'avait jamais entamée,
construisaient une chaumière, élevaient un autel de gazon, et,
par leurs prédications enthousiastes, assemblaient en peu de
temps autour d'eux des néophytes qui embrassaient leur règle
et se mettaient sous leur direction ; et bientôt, au milieu de
champs dorés, de verdoyantes prairies, de villages nouvellement formés, s'élevaient les murs d'un puissant monastère avec
les tours de son élégante église, fanaux qui indiquaient le port
à travers les orages (1). »

Ces abbayes donnèrent la plupart leur nom aux localités où

(1) Introduction aux Chroniques de Floreffe et de St-Ghislain dans les monuments pour servir à l'histoire des provinces, page VII.

2

elles s'établirent. C'est ainsi qu'Elnon prit le nom de St-Amand, Ambra, celui de St-Hubert, Cella ou Ursidonck, celui de St-Ghislain, Pennebeek, celui de la Cambre-Ste-Marie (h, i et k).

Telles sont donc les sources diverses d'où découlent les noms de village, de sorte que si l'on compare entr'eux tous ceux qui tiennent leur dénomination de la nature même du sol, ce sont comme autant de contrastes et d'oppositions : le mont, le vallon, la hauteur, le bas-fond, le rocher, la prairie, le ruisseau, le désert, le bois, le donck, l'île, l'essart. Or, il ne pouvait en être autrement ; les villages devaient avoir leur enseigne particulière et distinctive, comme plus tard, dans les temps de la chevalerie, chaque chevalier portait à la bataille l'écu de famille. Les Romains n'ont fait que donner la forme et la terminaison latine aux noms celtiques et teutoniques des peuples et des villes qui existaient et étaient debout à leur arrivée. Ainsi les habitants des marais flamands (Moeren) ont été nommés par eux *Morini* ; les Ménapiens ou Menapirs, *Menapü* ; les Conynvatters de la Hollande, *Caninefates* ; de Bavai ou Bavaek ils ont fait *Bavacum* ; de Tournai, Tornyck, Dornyk, *Durnacum* et *Tornacum* ; de Schalt ou Schelde, *Scaldis*.

De plus, quand ils furent maîtres de la Gaule belgique, ils donnèrent des noms latins aux villes qu'ils avaient fondées, agrandies ou restaurées.

Ils appelèrent *Fines* les lieux situés sur la frontière de deux peuples. *Tabernæ* était un lieu d'étape pour les troupes, *Forum*, un marché public, *Armentaria* et *Horrea*, des dépôts d'armes et des greniers d'abondance, *Castrum*, un camp, *Castellum*, une petite garnison, *Vicus*, un village (k).

La langue latine subsista et fut en usage jusqu'au VIIe siècle dans nos provinces. Cette langue que l'on est convenu d'appeler *bas-latin*, *basse-latinité*, a fourni bon nombre de noms à nos villages, dont les derniers Romains ou les premiers moines ont été les parrains.

Mais est-il bien vrai, comme le prétend M. J.-J. De Smet, que « la manie de latiniser à tort et à travers les dénominations locales dans les diplomes du moyen âge, ait tellement défiguré les noms propres, qu'il semble impossible d'en trouver une étymologie un peu raisonnable ? »

A notre avis, ce reproche ne peut pas s'adresser à tous les écrivains du moyen âge, mais bien à quelques-uns de ceux qui aux XVIe et XVIIe siècles ont latinisé ces noms dont ils ignoraient assez souvent la valeur des radicaux. C'est ainsi que Grammaye donne à Dixmude la signification de *Promontoire* ou *Digue de terre*, traduit Blankenberg par *Albimontium*, *Mont-Blanc*, et Haeringhe par *Halecia*; trois absurdités.

Chez les plus vieux chroniqueurs, au contraire, on est frappé quelquefois de la fidélité significative avec laquelle les noms celtiques, teutoniques ou romans sont traduits en latin. Nous citerons pour exemples Aiwailles sur l'Emblève, *Aqualia*, Aiwières, *Aquiria*, Auchin, *Aquiscinctum*, Afwai (Havai), *Avacum*, noms dans lesquels se reflètent, comme dans une onde paisible, la valeur des radicaux celtiques et romans.

III.

Ancien état du Brabant.

Antiquam exquirere matrom.
Virg., Æn., v. 1196.

Si l'on jette les yeux sur les cartes géographiques anciennes que nous ont laissées Cellarius, Desroches, Wastelain, et tous ceux enfin qui ont écrit sur les antiquités de notre pays, on voit que le Brabant était anciennement occupé par divers peuples dont les territoires s'y entrelaçaient. C'étaient les Tungri, les Aduatiques, les Taxandri, les Éburons, les Nerviens et les clients de ces derniers.

La forêt charbonnière s'étendait sur tout le Hainaut moderne et sur les parties du Brabant où sont Bruxelles et Louvain.

Cette forêt s'appelait ainsi à cause du charbon de bois qu'on y faisait (1).

Le Brabant, *Brachbantensis pagus*, n'est connu sous ce nom que depuis l'an 633, époque où St Liévin y apporta la lumière de l'évangile. Il écrivit à Flobert, premier abbé de Gand, des

---

(1) Goropius Becanus verse dans une grave erreur quand il avance que la forêt charbonnière est ainsi nommée parce que toute la terre y semble consister en charbon. Il entend ici désigner la houille, le charbon fossile, qu'il appelle *colen, gageten*, (dont provient le mot wallon *gayettes*), sans réfléchir que la découverte du charbon fossile ne remonte qu'au XII° siècle.

vers dans lesquels il se plaint de la cruauté et des mauvais trai-
tements des Brabançons :

Impia barbarico gens exagitata tumultu
Hic Bracbbanta furit, meque cruenta petit !

Le plus ancien monument qui en fasse mention est une charte
du roi Pepin de l'an 750. Il avait à cette époque pour limites
la Haigne, l'Escaut, le Rupel, et s'étendait au delà de la Senne
jusqu'à Alost. Nous ne nous occuperons ici que du Brabant tel
qu'il est constitué de nos jours.

Sous les Romains chaque république , *civitas*, était divisée
en *pagus*.

A l'arrivée des Franks, les peuples voisins du Rhin exprimè-
rent ce mot *pagus* dans leur langue par *go, goo, gau, gaw*.
Masgau, Sargau sont les cantons qu'arrosent la Meuse et la
Sarre.

Les Franks plus éloignés du Rhin donnèrent au *pagus* le nom
de *land* ou *band* : Zeeland, Fleorland, Holland, Braekland.

Les *gau*, comme les *land*, empruntaient leur premier radical d'une rivière, d'un fleuve qui les arrosait, d'une forêt , et
toujours de la nature du sol propre à cette portion de pays.

A défaut d'autre ressource, on recourut à la position topographique : *Oostergo, Westergoo, Suutgau*, sont les cantons de
l'Est, de l'Ouest et du Sud.

C'est ainsi que se sont formés dans tous les royaumes les cantons, et plus tard les départements et les provinces.

IV.

Étymologie du nom de Brabant.

Le touriste qui parcourt le Brabant moderne, ne pourrait se faire une juste idée de son ancien état aux VIIe et VIIIe siècles, époque où il a pris le nom qu'il porte aujourd'hui; mais s'il évoque tous les noms de ses villages et de ses hameaux, il est frappé du grand nombre de localités qui portent encore et ont porté autrefois le nom de bruyères et de jachères *braek, heide, ode, wastine*. Il ne faut donc pas s'étonner que des écrivains respectables ont prétendu que cette province doit son nom à cet ancien état des lieux (1). Pour nous aussi, le Brachband ou Braekland est le pays aux jachères et aux bruyères (2). Il fait antithèse avec le *canton du flux*, Fleorland, avec le *pays sur mer,* Zeeland, qui le bornait, avec celui *des marais*, la Morinie, dont il était peu éloigné.

Ce pays de landes et de jachères convenait parfaitement à l'élève du bélier. Du temps des Romains, les moutons étaient en si grande abondance dans cette province, qu'elle fournissait Rome et toute l'Italie d'étoffes de laine. L'espèce ovile a dû

---

(1) Entre autres le savant Wauters dans son Hist. de Bruxelles.

(2) Kil. Dict. teuton.-lat. v° Braecland dit: *Ager requietus, arvum quod sterile jacet, veractum.* Qui ne voit pas ici que le mot tudesque Braeck n'est lui-même qu'une contraction de veractum en changeant le V en B. Vract, Bracht?

nécessairement diminuer dans la même proportion que les bruyères et les communaux.

On a vu que les grands troupeaux de porcs se trouvaient, au contraire, dans les marais de la Morinie et de la Ménapie où il ne manquait point non plus de moutons.

La face du Brabant a totalement changé depuis César. Des forêts immenses ont été défrichées, les landes ou larris, mis en culture. De là ce grand nombre de noms de localité signifiant essart, défrichement : *Rode, Rou, Roi, Reul, Sart.*

Quelle province pourrait nous inspirer plus d'intérêt que le Brabant, sol natal des princes les plus fameux et les plus belliqueux, le berceau des Pepin, des Charles-Martel, de Godefroid de Bouillon, célèbre par le séjour et les tombeaux des ducs de Lorraigne ; le Brabant où les deux plus grands capitaines des temps anciens et modernes sont venus éprouver les effets de la valeur des Belges, le premier à Strythem, l'autre dans les plaines fameuses de Waterloo !

Interrogez ses monts (1), ses vallons, ses fontaines (2), ses vieilles forêts, et vous trouverez qu'ils respirent le parfum de la plus haute antiquité. Ils sont pleins, ces lieux, des émouvants souvenirs de la sombre et mystérieuse mythologie celto-germanique, et des souvenirs plus vénérables encore des premiers martyrs de la foi, de ces sages qui les premiers vinrent humaniser nos pères.

Nous venons de parler des temps celtiques. Cette immense forêt qui depuis Alost s'étendait au delà de Wavre et jus-

(1) Voy. Donderberg, hameau de Laeken, Teutberg, hameau de Strythem, Huldenberg.
(2) Diufona, Fons divorum, Dion-le-Val.

qu'au fond du Hainaut (1), qui faisait les délices de nos princes (2) et qui fut le refuge de la foi, était primitivement consacrée au culte de Sim, Son ou Sumna, qui veut dire le soleil.

On sait que les Celtes et les Germains, nos ancêtres, adoraient leurs dieux dans les bois, raison pour laquelle on appelait ces derniers bois sacrés, *lucus*, bois formidables, bois terribles, *silvæ priscâ formidine sacræ*. Tacite nous donne le motif de cet usage religieux de nos ancêtres; c'est qu'ils croyaient qu'il n'est point de la majesté de la Divinité suprême d'être renfermée dans des temples ou représentée sous des figures humaines. Ils ne voulaient point qu'on érigeât un temple au Soleil, leur dieu suprême, parce que, disaient-ils, le monde entier était à peine un temple assez vaste pour lui. Nos ancêtres considéraient donc l'univers comme le temple des dieux, et c'était sous la voûte imposante du ciel, éclairée par ses astres majestueux qu'ils leur adressaient leurs vœux, qu'ils leur rendaient leurs hommages. Ils choisissaient surtout les forêts dont l'ombre et le silence étaient les plus propres au recueillement et au mystère, et si quelque montagne prominait sur ces épais ombrages, c'était sur sa cime qu'ils se livraient de préférence à l'exercice

(1) Marchienne-au-Pont a encore un hameau nommé *Zone*. Mont-sur-Marchienne a celui de *Forêt de Zone*. Etud. étymologiques sur le Hainaut, pages 106-108. Cette forêt contenait, en 1726, 16,526 arpents. Voy. Descript. du Pays-Bas Brux. 1729.

On voit par un acte de Henri, duc de Lothier, de l'an 1234, qu'il accorde aux échevins d'Overyssche le privilége de prendre chacun un arbre, au mois de juin, *in silvâ suâ zoniâ*. Brab. Yest. cod. Diplom., pag. 642.

(2) Silva Sonia, Brabantiæ maxima, præaltis, densisque fagis, aliisque arboribus umbrosa et amœna, idcircò in deliciis à Brabantiæ ducibus habita. Topog. Brab. Elle était connue sous ce nom en 818.

de leur culte (1), qu'ils élevaient leurs cœurs et leurs bras vers Sim et Wodin.

Le Zonienbosch d'aujourd'hui (bois de Soignes), altération orthographique de Sonebosch, que l'on a latinisé sous le nom de Silva Sonia (2), ne signifie pas autre chose que *forêt du soleil*, c'est-à-dire consacrée à ce dieu de nos ancêtres. Le bois de Baudour *silva baldulia* qui se trouvait aussi dans la forêt de Sone, était également un lucus ou bois sacré. Son nom latin veut dire *bois de la danse*. Nous verrons plus loin que la danse était une pratique du culte germano-celtique. Les antiquités celtiques découvertes à Baudour ne permettent point de douter qu'il faille lui donner cette signification. Il en était de même du bois Balduenna dans la Frise et de Feignies dans le bois de Fagne. La *Pierre Levée* de Brai, près de Binche, détruite en 1753; la *Pierre Brunehault* entre Hollain et Rongy, près de Tournai; la *Pierre Levée* de Bellignies, près de Bavai; les *Pierres Martines* de Solre-le-Château; enfin la *Pierre du Diable*, dans la province de Namur, sont autant d'autels restés du culte celtique. Dans la Flandre occidentale, près de l'antique ville de Torwald (Thourout), où il y avait un autel dédié au dieu Thor, le *Jupiter tonans* des Celtes, se trouvait aussi un lucus qui a conservé après vingt siècles son nom germanique. C'est Wyndael (Winendael) (3). Laeken, dans la forêt de Sone avait sa montagne de Thor; c'est Donderberg (4). Crainhem avait aussi un champ appelé Soenvelt ou Sonvelt.

(1) Huldenberg, dans la vieille forêt de Sone, signifie *Montagne de l'hommage*.

(2) Nemus Soniæ, 1260. Mir. Silva Sonia, 1234. Brab. Yesten.

(3) Wyndael vox. germ. Sax. Sic. signifie vallon sacré. Voy. Kil. aux mots *Wys, Wyen, Wyhen*.

(4) On trouve en Allemagne des Sonnewald et des Sonneberg.

Il y a encore dans la province de Limbourg un village qui porte le nom de *Cour* ou *Palais du Soleil*; c'est Zonhoven; et dans la vallée de la Dendre, au pied de la montagne de Grammont, était une vaste plaine connue depuis un temps immémorial sous le nom de *Plaine du Soleil* : Het Zoneveld. Certes tous ces noms ne sont point l'effet d'un pur hasard, et ceux des dieux ne sont point tombés sur la terre à l'insu des mortels.

Nous rappellerons ici que tous les peuples d'origine celto-germanique, tels que les Anglais, les Flamands, les Allemands, les Saxons, les Scandinaves (Suédois et Norwégiens), nomment encore dans leur langue le dimanche le jour du Soleil, *Sonday, Sondag*.

Le culte des Celtes pouvait se réduire à cinq chefs : 1° la prière ; 2° les sacrifices ; 3° le chant des hymnes ; 4° la danse et 5° les festins sacrés. Le lecteur désireux d'en connaître davantage peut consulter Pelloutier, Hist. des Celtes. Paris, 1771, 8 vol.

Quant au culte des Franks, voici en quels termes en parle M. Wauters dans son Histoire des environs de Bruxelles (1) :

« On manque de données précises sur les bases et l'organisation du culte chez les Francs. La cosmogonie de l'Edda a-t-elle été connue par ce peuple ? Il serait assez difficile de l'établir d'une manière irrécusable. On trouve bien dans notre pays des traces d'Odin ou Woden, des Ases, de Freya, mais notre pays ayant aussi reçu des colonies saxonnes, on pourrait leur attribuer ces dénominations. La religion de la multitude, chez les Francs Saliens, paraît s'être bornée à un fétichisme grossier qui reposait sur la gratitude et la peur. De grands arbres, des fon-

(1) Page xxx.

taines étaient surtout l'objet de leur vénération, à tel point que lorsque l'on prêcha l'évangile dans nos contrées, il fallut, pour détourner le peuple de ses anciennes superstitions, placer ces objets sacrés sous l'invocation d'un apôtre, d'un saint chrétien. A cette religion oubliée appartient la multitude d'êtres surnaturels qui jouent un si grand rôle dans les sagas allemandes. Les *Nickers* ou *Neckers* (*Nahæ* ou Naïades des anciens), méchants esprits qui fréquentaient de préférence les eaux et qui plus tard devinrent, dans l'opinion vulgaire, des ames d'enfants morts avant d'avoir reçu le baptême ; les *Elven*, *Alven*, ou esprits des airs ; les *Witte-Wyven*, ou Dames blanches ; les *Trollen*, espèce de géants et d'enchanteurs, dont on fit plus tard des démons ; les *Dwergen*, qui sont identiques aux Nutons des contrées wallonnes, et qui, travaillant retirés dans des grottes, comme le *Dwergar* de l'Edda, remplissaient de terreurs les nuits de cette époque d'ignorance. Alors chevauchaient les Hellequins, les cortéges sinistres des sorcières ; alors apparaissaient le *Weerwolf*, ou loup-garou, le *Kleudde* ou *Lodder*, la *Maer* ou femme-jument, le *Wit-conyn* ou lapin blanc. Aucun serf n'eût osé sortir la nuit ; vainement un ciel scintillant, un repos complet des forces de la nature l'auraient appelé hors de sa chaumière ; bercé par des contes à faire dormir debout, il restait enchaîné à son foyer, de crainte de rencontrer un esprit malfaisant dans le premier ravin, derrière la haie la plus proche. »

Quand, plus tard, le flambeau de la foi dissipe les ombres du paganisme dans ces forêts mystérieuses, on y voit s'établir les abbayes de chanoines réguliers de Groendael, de Rouge-Cloître, de Sept-Fontaines, de Bois-Seigneur-Isaac, de Cortenberg, et les abbayes de femmes de Bigaerden, de la Cambre-Ste-Marie, d'Aiwiers, de Wauthier-Braine, de Forêt et de Nivelles. Aussi

entend-on Miræus s'écrier : On dirait que cette forêt de Sone
a été plantée par la main divine pour la solitude et le repos mo-
nastique !

A l'arrivée des Romains, la Gaule belgique avait deux sortes
de peuples. Les Aborigènes, c'est-à-dire les naturels du pays,
étaient les Atrébates, les Amiénois et les Rémois; les autres
étaient Germains d'origine ; tels étaient entre autres les Nerviens et leurs clients qui peuplaient en grande partie le Brabant.

La différence du langage qu'on parle dans le Brabant actuel
semble nous montrer la limite entre les peuples d'origine germanique et ceux d'origine gallo-romaine. Toutefois, il ne faut
pas perdre de vue qu'une grande partie de la Nervie a été re-
peuplée par des colonies gauloises. C'est ce que fait entendre
M. Wauters, quand il dit : Le petit nombre de noms de lieux
situés aux environs de Bruxelles, qui ne trouvent pas leur explication en flamand, atteste que la population gallo-romaine y fut
presque entièrement anéantie ou absorbée par les populations
d'Outre-Rhin. Le langage des vaincus devint depuis le wallon
ou français, et recula jusqu'à trois lieues au sud de Bruxelles (1).

Le Brabant français, Gallo-Brabantia, était connu autrefois
sous le nom de *Romandua*. Ce nom lui est venu de ce que la
langue romane y était parlée. C'est le langage qu'on appelle
aujourd'hui le wallon.

On comprend de suite, qu'en général l'étymologie des noms
de lieu dans le Brabant flamand sera demandée à la langue
teutonique, et celle des noms du Brabant français aux langues
celtique, romane et latine.

_____

(1) Hist. des envir. de Brux., I, pag. xxx.

Dans le nord du Brabant, on rencontre quelques noms appartenant à la langue des Franks, comme dans la Flandre occidentale, particulièrement sur les bords de la mer , beaucoup de noms
de lieu appartiennent au dialecte saxon. Ceci provient de l'arrivée des Franks sur les rives du Démer en 388, et de l'invasion
par les Saxons vers la même époque du littoral de la Flandre qui
en a pris le nom de *Littus saxonicum*.

V.

Des voies romaines.

Il faut sans doute éviter un système préconçu et ne point voir partout les Romains et leurs dieux lares, mais lorsque leur souvenir se révèle à l'énonciation d'une dénomination claire et précise, on doit le constater. En fouillant les noms de lieu, en interrogeant surtout les localités que sillonnaient les voies consulaires et prétoriennes dans le Brabant, on est étonné de rencontrer une foule de dénominations de cette nature qui rappellent l'établissement du peuple-roi dans cette partie de la Gaule belgique, ses travaux, ses camps, ses combats, ses victoires. Nous les signalerons à l'occasion, lors de l'examen de chaque nom de commune.

Les chemins des Romains ont conservé dans le Brabant et les provinces flamingantes le nom de *herweg* (1), *kasseye, baen, oude baen;* dans le Hainaut, celui de *chaussée, cauchie, chaussée Brunehaut;* dans le Luxembourg, celui de *kiem, kem.*

La grande voie romaine qui, partant de Bavai, passait à Mons et à Enghien, traversait le Brabant du sud au nord. Elle y entrait au village d'Hérinnes, passait à Herffelingen, Kester (Castre), Pepinghem-Beeringen, Leerbeek, Goyck, Lennick-

---

(1) Beaucoup de personnes traduisent ce mot composé par *chemin du seigneur.* C'est à tort : Her, Heyr veut dire armée. Herweg, Herbaen, c'est la via militaris, consularis, prætoria. Voy. Kil. au mot *Herbaen.*

St-Martin (1), et à Assche qui paraît avoir été un point important sous la domination romaine.

Butkens affirme en effet que l'on vit longtemps près de cette ville les traces d'un camp retranché et celles de la Kasseye ou chemin militaire. C'est là aussi que M. Wauters place le camp de Quintus-Cicero, lieutenant de César.

De la petite ville d'Ascum la voie se dirigeait sur Malines par Merchtem qui était probablement un *forum* ou un *horreum*, ainsi que l'indique son nom. Elle traversait Steenhuffel parallèlement à un ruisseau qui porte le nom d'*Oudebaen*, et aboutissait à Malines au hameau dit Oudewegham (*hameau du vieux chemin*).

Du village de Merchtem partait un embranchement qui se dirigeait sur Bruxelles par Brusseghem, Wemmel (2) et Jette.

De Malines venait une autre voie secondaire vers Elewyt, centre d'un grand établissement sous l'occupation romaine. Elle se prolongeait jusqu'à Wavre par Perck, Steenockerseele, Nosseghem (3), Sterrebeek (4), Tervueren (5), Duysbourg et Isque (6).

Au village de Sterrebeek, du hameau encore connu sous le nom de *Oudebaen*, un embranchement se dirigeait sur Everberg et entrait à Louvain par la porte de Bruxelles. De Louvain cette voie allait à Tirlemont et atteignait Tongres en

---

(1) On y trouve le hameau de *Tomberg*, Mont des tombes, et celui de *Stuivenberg*, Mont des sous.

(2) A Wemmel est un chemin appelé vulgairement *Chemin des Romains.*

(3) On y trouve le hameau de *Oudebaen, vieille voie.*

(4) On y trouve aussi le hameau de *Oudebaen.*

(5) On y voit le hameau de *Oudevoorde, vieux passage.*

(6) Elle passait dans cette commune au lieu dit *Tombeek*, Ruisseau du tumulus.

passant par Haekendover, Orsmael, ancienne dépendance de Melckweser, et quittait le Brabant à Maesrode, hameau de la commune de Halle-Boyenhoven.

Du même village de Sterrebeek, hameau de Voskapel, partait une voie secondaire nommée anciennement le *Diewech*, *Diedewech*. Elle se dirigeait vers le sud, passant à Wesembeek, à Woluwe–St-Lambert (1), à Bemel, à Watermael–Boitsfort (2), traversait la forêt de Soignes et aboutissait à Uccle à un lieu dit Het torreken, *la petite tour*, castellum?

D'autres petites voies secondaires sillonnaient le Brabant au nord de Bruxelles. On peut consulter à leur sujet l'intéressant ouvrage de M. Wauters, intitulé : Histoire des environs de Bruxelles, vol. III, pag. 681 et suiv.

Nous venons de parler du village de Castre en flamand Kester, qui signifie camp, *castrum*.

Les *castra* ou camps étaient des lieux que les Romains fortifiaient de remparts et de fossés pour s'y loger sans crainte des subites incursions des ennemis.

Parmi ces camps, il y en avait qui étaient faits pour y loger une nuit ou deux, les autres pour y faire un long séjour. Les premiers se nommaient *castra* et quelquefois *mansiones*, comme on dirait gîtes ; les autres s'appelaient *stativa* (à stando) demeurer, s'arrêter. Si ces camps étaient faits pour y séjourner l'été, on les nommait *œstiva* ; si, pour l'hiver, *hiberna*. Les légions romaines passaient des uns dans les autres, selon les saisons de l'année.

Dans les uns comme dans les autres, les soldats légionnaires

---

(1) On y trouve une localité dite *Tdomptveld* ou Champ des tombes.

(2) Elle passait au hameau de Boendael au lieu dit : *Tombloch*, l'enclos des tombes. Elle y porte le nom de *Oude straet*; au XIIIᵉ siècle, celui de *Via regia*.

dressaient des tentes et pavillons de cuir pour leur logement. *Retentus omnis exercitus sub pellibus, quamvis hieme sævd*, dit Tacite. Souvent aussi on y faisait quelques constructions légères, et leur nombre venant à s'accroître avec le temps, elles devinrent comme autant de berceaux d'une foule de villes. De là les noms de *Castri-locus*, Mons, *Castra-Lucii*, Chalus, *Castra Claudia*, Glocester, *Castrum novum Arrii*, Castelnaudari. Le *castellum*, diminutif de castrum, était à proprement parler un fort, un châtelet. Il était presque toujours situé en haut lieu, bâti et fortifié de tours et de boulevards (1) et avait ordinairement une petite garnison de cavalerie.

———

(1) Turribus, vallis, *thoren, wallen.*

VI.

Le Brabant n'a point de fleuves. *A, aa* est le radical celtique qui en représente le nom. Breda (Breed-a) signifie *le large fleuve*; A-ruim, la Garonne, c'est *le grand fleuve*; Schelle–a (Schelda), l'Escaut, c'est *le fleuve poissonneux*.

Ar , er, diminutif d'*A*, représente une rivière. Voy. Hoeufft à ce mot.

En général, c'est du règne animal et végétal, de la rapidité de leur cours, de la qualité ou de la couleur de leurs eaux, de la nature et de la disposition du sol où leur lit est creusé, que les rivières reçoivent leur nom.

Quant aux rivières et ruisseaux qui tiennent leur dénomination du règne animal, on est tenté de croire que nos pères aient voulu alluder aux bonnes comme aux mauvaises qualités des animaux dont ces rivières portent le nom.

Ainsi, le Demer (Deme-er), c'est *la rivière-tétine*, c'est la rivière qui allaite, qui nourrit et féconde la contrée qu'elle parcourt. Voy. Kil au mot Deme, *uber*.

La Senne, c'est *la vache*, du mot allemand *senne*.

La Motte (de Motte), la *truie*.

La Ghète, c'est *la chèvre* (gheyte, teuto., geis, allem., guète, gate, rom.); même allusion.

La Velpe (welpe, wulpe), c'est *le petit chien*; cette rivière fut ainsi nommée, sans doute, à cause de ses sinuosités.

La Zuene (zwyne), c'est *le porc*, qui se vautre dans la boue, et les eaux de la Zuene sont sales et boueuses.

La Dyle est *le ruisseau aux anettes* (plantes ombillifères).

La Woluwe (woel-euw) doit son nom au grand nombre de sources qui l'alimentent: (woel, *scaturigo*, *scatebra*).

De Zwarte bor, *le noir ourson*.

La Thines, *la petite eau*, du mot rom. tinne, *tenuis*.

La Mehaigne (mé-aigne) *la mauvaise eau*, de mé, rom., *malus*.

La Melagne, *l'eau noire*.

Les noms de plusieurs rivières et ruisseaux ne signifient pas autre chose que *eau*, *courant* : telles sont la Haigne (Aigne); la Lys, *de Leye*, en flamand; l'Isque (de Issch), la Ronne, la Laek, *perfluens*, *manans*; la Lasne (l'Agne), la Voer, le Ri (rivulus), le Hain ou la Hain.

Les ruisseaux (ri, beek) empruntent ordinairement leur nom :

a) Des endroits d'où ils sortent ou qu'ils arrosent :

Schaerbeek (Scharenbeek), c'est *le ruisseau des bruyères*;

Meerbeek, *le ruisseau des marais*;

Wesembeek (Wiesenbeek), *le ruisseau des prairies*;

Lombeek (Lommerbeek), *le ruisseau des ombrages*;

Holsbeek, *le ruisseau des bois*;

Laarbeek, *le ruisseau des plaines*;

Loonbeek, *le ruisseau des forêts* (loo-en);

Dillebeek (Dillingbeek), *le ruisseau des vallons*;

Linkebeek, *le ruisseau des sources*;

Bosbeek (bosch), *le ruisseau du bois*;

Elsbeek, *le ruisseau de l'aulne*;

Heyenbeek, *le ruisseau des bruyères*;

Cabbeek (kai), *le ruisseau des cailloux*;

L'Orne (ornea), *celui des frênes sauvages*.

b) D'une circonstance qui leur est particulière, telle que la fréquentation ou l'apparition sur leurs bords de certains animaux ou volatiles :

Otterbeek, c'est *le ruisseau de la loutre* ou *des loutres*;

Borsbeek, *le ruisseau des sangliers*;

Beverbeek, *le ruisseau des bièvres* ou *castors*;

Everbeek, *le ruisseau des sangliers*;

Cranebeek, *le ruisseau des grues*;

Hondsbeek, *le ruisseau des chiens*;

Gansenbeek, *le ruisseau des oies*;

Humbeek (hoenbeek), *le ruisseau des poules d'eau*;

Aelbeek, *le ruisseau des anguilles*;

Muggebeek, *le ruisseau des pucerons*.

c) D'une qualité quelconque qui leur est propre :

Bollebeek est *le ruisseau qui s'enfle*;

Wambeek, *le ruisseau vaseux*;

Etterbeek, *le ruisseau putide*;

Craesbeek (kras), *le ruisseau fort*;

Vlieterbeek, *le ruisseau rapide*;

Glatbeek (aujourd'hui Geleysbeek), *le ruisseau limpide*;

Zwartebeek, *le ruisseau noir*;

Sandbeek, *le ruisseau sabuleux*;

Roosbeek, *le ruisseau rouge*;

Kwakkenbeek, *le ruisseau qui murmure*;

Lembeek, *le ruisseau limpide*;

Schubbeek, *le ruisseau aux écailles*;

Droogbeek, *le ruisseau sec*;

Sterrebeek, *le ruisseau glacial*, de sterren , *rigere* ;

Breedebeek , *le large ruisseau* ;

Corbeek , *le court ruisseau;*

De Zwartewater , *l'eau-noire.*

d) D'un fait historique , d'un souvenir traditionnel , d'un objet voisin :

Moortebeek , c'est *le ruisseau des morts* ;

Weerebeek , *le ruisseau de la garde* ;

Kesterbeek , *le ruisseau du camp* ;

Doodbeek , *le ruisseau de la mort* ;

Cloosterbeek , *le ruisseau du cloître;*

Duivelsbeek , *le ruisseau du diable* ;

Tombeek , *le ruisseau du tumulus* ;

Torneppe (Toren naep) , *le ruisseau de la tour* ;

Baerebeek , *le ruisseau des cercueils.*

e) De la position géographique :

Zuidbeek , c'est *le ruisseau du sud* ;

Oosterbeek , *le ruisseau de l'est.*

f) Enfin, d'une cause estétique :

De Belle , c'est *la Belle* ;

Heylbeek , *le ruisseau du salut* ;

La Jauss-e , *la jaune eau* ;

La Jausse-leyt , *le jaune lait.*

Telle est la synonymie des rivières et des ruisseaux qui par leurs nombreux méandres donnent la vie , la grâce et la fraîcheur aux délicieux vallons du Brabant.

VII.

Langue, Romanisation des noms teutoniques.

Avant de donner l'étymologie historique et nominale des noms des villes, bourgs et villages qui composent cette province, il est nécessaire d'examiner ces noms au point de vue de l'ortho-graphe. Non-seulement celle-ci est très-fautive et très-vicieuse, mais les mots sont encore souvent tronqués au point d'être méconnaissables. Comment cependant procéder à l'explication d'un mot, d'un radical s'il n'est pas écrit tel qu'il le doit être ? Dans ce cas il ne reste d'autre ressource que de recourir aux suppositions.

On trouve aussi· en Belgique, sur toute la ligne qui sépare les provinces flamandes d'avec les provinces françaises, une foule d'appellatifs qui ont revêtu une forme, une terminaison romane, tout en conservant le premier radical de la langue flamande. C'est ce que nous appelons *romanisation*. Romani-ser, c'est donner une finale, une terminaison romane à un nom teutonique sans rien changer au premier radical. Ainsi, si de Odeghem on fait *Odeghien*, c'est une romanisation. Si de Schoo-ris on fait *Scornai*, *Scoornaix*, c'est encore une romanisation. Il est important pour l'étymologiste de reconnaître les appella-tifs de cette espèce, car il sait alors à quelle langue il doit demander la valeur du premier ou des premiers radicaux.

L'examen des noms de trois provinces dont nous avons recherché les étymologies nous a mis à même de les distinguer et d'indiquer ici les diverses transformations que certaines catégories de noms flamands subissent en se romanisant, c'est-à-dire en passant par la bouche des wallons, *traducteurs à demi.*

1° Les noms en *ghem* prennent en se romanisant la finale *ghien* ou *eignies.*

> Odeghem, Odeghien, OEudeghien;
>
> Anghem, Enghien;
>
> Rasseghem, Rasseghien;
>
> Merveeghem, Mevregnies;
>
> Papeghem, Papegnies.

2° Ceux en *hem, em,* prennent la finale *egnies, hain,* et quelquefois *haing, heng* :

> Markhem, Marquain, Markain;
>
> Houtem, Houtain, Houtaing, Houdeng.

3° Les noms terminés en *beek, back,* prennent la finale *bais, bace, bice, becq* :

> Molembeek, Molembais;
>
> Tubeek, Tubice, Tubace;
>
> Wambeek, Wambace;
>
> Gibeek, Gibecq.

4° Le mot *broek,* marais, s'est romanisé sous la forme de *broux, breuc, breucque.*

5° Les *laer* se romanisent en *lers* :

> Boulaer, Boulers;
>
> Couckelaere, Couckelers;
>
> Roslaer, Roulers;
>
> Beeklaer, Bicclers.

6° Les *veld,* plaines, en *welz.*

7° Les *rode*, défrichement, se sont romanisés sous les formes diverses de *Rou*, *Roi*, *Rœul*, *Rœulx* ; Herkenrode, Herkenroy, Vronerode, Frondroy.

8° Enfin, le mot *ingen*, prairies, paraît avoir pris en se romanisant les formes *innes*, *linnes*, *rinnes*, comme dans *Havinnes*, *Ainines*, *Bosquilines*, *Buvinnes* ou *Bouvrinnes*, *Hérinnes* ou *Erinnes*. Quelquefois aussi, selon l'observation judicieuse de M. Wauters, ces *ingen* répondent et sont identiques aux *ignies* du Hainaut, et aux *agne*, *ogne* de l'Ardenne.

Nous ne pouvons admettre avec certain chroniqueur que les villages dont le nom se termine en *inghe* ou *inghen* aient été bâtis par des colonies saxonnes que Charlemagne amena de la Germanie en Belgique, et qu'il aurait soumis à un chef nommé *Inghe*. Certes les Saxons ne se sont pas exclusivement établis le long des rivières, dans les plaines basses. Certains plateaux élevés et fertiles ont dû aussi les attirer ; or ce n'est que dans les bas-fonds que l'on rencontre les noms de villages terminés en *inghe* ou *inghen*, et jamais sur une hauteur, colline ou monticule. Wauters, sans s'arrêter aux termes de cette assertion du vieux chroniqueur, fait remarquer que la désinence *inghen* ne se trouve aux environs de Bruxelles que dans un certain rayon, depuis Tourneppe où l'on rencontre le hameau d'Elderinghen, jusqu'à Yseringhen sous Lennick, et de ce dernier endroit vers le sud jusqu'à la lisière du pays où l'on parle wallon. Or tout ce rayon est une vallée entrecoupée de ruisseaux, conséquemment couverte primitivement de prairies.

Quant à la langue, voici les principales anomalies que l'on remarque :

1° La lettre C, lettre étrangère à la langue flamande, remplace partout le **K**. C'est un abus qu'on trouve aussi dans les Flandres. Il faudrait donc orthographier.

> **Krokegem** au lieu de **Crokegem;**
> **Kampenhout** » **Campenhout;**
> **Kapel** » **Capelle;**
> **Kortenaeken** » **Cortenaeken;**
> **Kortemberg** » **Cortenberg.**

Les philologues n'ignorent pas que la lettre **K** précède souvent la racine des mots, dans les langues du nord, pour en renforcer la prononciation. Ainsi on dit *Knypen* et *Nypen*, *Leem* et *Kleem*, comme les latins disaient *natus* et *gnatus*.

2° La lettre **X** est aussi étrangère à la langue du pays. C'est donc à tort qu'on lui fait tenir dans certains mots composés la place de *Gs* ou de *Ks* et que l'on écrit :

> **Extraet** au lieu de **Hegstraet;**
> **Hoxem** » **Hoksem;**
> **Oxdonck** » **Hoksdonck;**
> **Eexken** » **Eeksken;**
> **Koninxloo** » **Koningsloo.**

3° Une autre bizarrerie qui frappe, c'est d'ajouter un **T** à la fin des noms. Ainsi l'on trouve :

> **Doment** au lieu de **Domen;**
> **Varent** » **Varen;**
> **Nederassent** » **Nederassen;**
> **Scharent** » **Scharen.**

L'**H** et le **W** sont souvent des lettres parasytes comme dans **Hauwart**, **Woest** (oost), **Wespelaer** (Espelaer).

On ne sera donc pas étonné de trouver dans cette langue populaire dénuée de toute orthographe l'emploi abusif de l'*f* pour le *v*, du double *ee* pour l'*e* simple, de l'*i* pour l'*y* et vice versâ, du *c* pour *g* ou *k*, et autres anomalies. Les mots rectifiés entre parenthèses feront connaître ces irrégularités.

Des paronymes tels que *biest*, *bies*, *beest*, *bos*, *bost*, *bosch* et autres auraient pu souvent nous induire en erreur sur la valeur réelle du mot composé. Ainsi dans biesthoek, nous nous demandons s'il faut lire biesthoek, ou beesthoek. La consonnance est la même, mais la signification du mot composé est bien différente. Pour désarmer la critique, nous donnerons à la fois la synonymie des deux paronymes supposés, en désignant toutefois celui dont l'admission nous paraîtra la plus probable.

Quant aux paronymes *hof*, *hove*, jardin, cour, *hoef*, *hoeve*, métairie, cense, ferme, il n'est pas douteux pour nous que ces noms soient tous synonymes.

Nous allons donc présenter en titre les appellatifs tels qu'ils se trouvent écrits et imprimés dans les ouvrages de géographie moderne. Nous produirons ensuite leurs plus vieilles formes tirées des chroniques, diplomes et chartres, et procéderons ensuite à l'examen de leurs radicaux. Partout où elle nous paraîtra vicieuse, nous proposerons une orthographe meilleure.

« L'art étymologique, selon le célèbre académicien Falconnet, est celui de débrouiller ce qui déguise les mots, de les dépouiller de ce qui, pour ainsi dire, leur est étranger, et par ce moyen, les ramener à la simplicité qu'ils ont tous dans l'origine. »

A ce faire vont tendre tous nos efforts.

EXPLICATION

DES ABRÉVIATIONS QUI SE TROUVENT DANS LE CORPS DE L'OUVRAGE.

————

Ac. SS.	Les Acta Sanctorum des Bollandistes.
Arch. Fl o.	Archives de la Flandre orientale.
But.	Butkens, Trophées du Brabant.
B. Y.	Brabantsche Yesten.
Cart. C. D. F.	Cartulaire des Comtes de Flandre, imprimé par Serrure.
Cart. D. B.	Cartulaire des Ducs de Brabant.
Cart. S⁴ B.	Cartulaire de S⁴ Bavon.
Cart. T.	Cartulaire de Tongres.
Div.	Petrus Divæus, rerum Brab. etc.
Duc.	Ducange, Glossarium ad scriptores mediæ et infimæ latinitatis.
Gaz.	Gazet, Hist. ecclés. du Pays-Bas.
Gram.	Grammaye, Antiquitates Ducatûm Brab.
Hist. S⁴ Bav.	Histoire de l'abbaye de S⁴ Bavon, par Van Lokkeren.
Hoe.	Hoeufft, Bydragen tot naamsuitgangen, etc.
Kil.	Kilian, Dict. teutonico-latinum.
Mei.	Meyeri Annales.
Mir.	Miræi Opera diplomatica, etc.
Mir. An.	Miræi Annales.
Mir. F. B.	Miræi Fasti Belgici.
Mol.	Molanus Nat. Sanctorum Belgii.
Roq.	Roquefort. Dict. de la langue romane.
Top.	Topographia Hist. Gallo-Brabantiæ. par le Roy.
Wau.	Wauters, Histoire de Bruxelles et de ses environs.
Wast.	Wastelain, Description de la Gaule belgique.

NOTA. — Voir de plus les initales des ouvrages cités à la page VII des Prolégomènes.

ÉTUDES

ÉTYMOLOGIQUES

SUR

LES NOMS DES VILLES, BOURGS, VILLAGES, HAMEAUX, RIVIÈRES ET RUISSEAUX

DE LA PROVINCE DU BRABANT.

AERSCHOT.

Aderschot, 1125, 1179, Mir; *Ardenschot* 1193, Mei; *Arescotum*,
Aerschotum, *Aerschotia*, *Arscotium*.

La ville d'Aerschot, ancienne seigneurie, fut autrefois honorée du
titre de comté, de marquisat et de duché. Elle est située sur le Demer à trois lieues de Louvain et de Diest. Juste-Lipse et autres écrivains ont prétendu que c'est là que l'on mettait en dépôt l'aigle des
armées romaines, ce qui lui aurait fait donner le nom d'Aerschot,
Arendschot, qui signifie en flamand *Giron de l'aigle.* Comme cette
ville, où aboutissait une voie militaire, paraît avoir été, sous l'occupation romaine, une position importante gardant le Demer, il nous
semble plus naturel qu'elle tire son nom des mots ar, er, *rivière*, et
de schot, *enclos, fort, castellum*. Voy. Hocufft à ces deux radicaux.
On y voit les ruines d'un monument ancien que l'on nomme abusivement Tour d'Aurélien, *Aurelians-thoren;* c'est tout simplement la
Tour d'Orléans, titre que portaient les comtes d'Aerschot.

A

HAMEAUX.

Aurheide (Orheide), *vieille bruyère*. Rode, *essart*. Rodenberg, *monticule des essarts*. Schoonhoven, *belle ferme*. Nieuwland, *nouvelle terre, attérissement*. Roodhuysberg, *mont de la maison rouge*. Paepenbosch, *le bois des abbés*.

ALSEMBERG, *Alsenbergæ*.

Aussemberga, 1243; *Halsenberg*, 1415, W; *Alzenberghe*, 1435; *Alsenberghe*, 1491; *Halsemberge*, 1681; *Halsberghem, Alsenbergæ*, GRAM.

Cette commune était située dans le bois du Soleil. Les légendaires donnent à son nom la signification de *mont d'absinthe*. Nous estimons qu'il a pour premier radical le mot halt, *bois*, et pour second, berg, *montagne*. Cet appellatif signifie donc *montagne du bois*.

HAMEAUX.

Elsemheide, altéré pour Alsemheide, *bruyère d'Alsemberg*. Heideken, *petite bruyère*. Grootveld, *la grande plaine*. Heidenbroeck, *marais des bruyères*. Tolbroeck, *marais du péage*. Gemeentevelde, *champ de la commune*. Heibosch, *bois de la bruyère*.

ANDELECHT, *Anderlacum*.

Anderlecht, 1012, 1045, MIR; *Andrelech*, 1046, id; *Anderleth*, 1154, Cartulaire St Bav; *Anderleght*, 1211; *palus Anderlech*, 1227, 1593, à THYMO.

Le temps et les progrès de l'agriculture ont changé notablement l'antique aspect de ce riant village. En 1755, il contenait encore six étangs et près de quatre cents bonniers de prairies, sans doute couvertes d'eau autrefois, et qui en constituaient un lac. Les premiers habitants s'établirent près de cette mare d'eau, de là son étymologie. En allemand, An der lache signifie *près de la mare, de l'étang*.

HAMEAUX.

Mortebeck, *ruisseau de la mort.* Cet endroit portait déjà ce nom au XIIIᵉ siècle. Cette dénomination ne remonte donc pas à l'an 1356, époque où les Brabançons furent défaits en ce lieu par les Flamands. Cisterbroek, *marais des tombes.* Le fait historique qui justifie ces deux dénominations fait défaut. Il remonte peut-être à l'époque de l'occupation romaine. De kleine goed veld, *la bonne petite culture,* ou, comme on disait autrefois, *couture.* Nous rencontrerons beaucoup de hameaux portant le nom de culture. Ce sont vraisemblablement les terres les plus anciennement cultivées. Veeweide, *pâturage au bétail.* Pietersboschveld, *plaine du bois Sᵗ-Pierre.* Breembosch, *bois de genêt.* Schutveld, *plaine du tir,* ainsi nommé, croiton, d'un tir à l'arc établi en ce lieu, ou de ce qu'un arquebusier aurait tiré des murs de Bruxelles jusqu'en cet endroit. Petite île. Straet Van Aa, *le hameau Van Aa,* ou *de l'eau.* C'est aussi le nom d'une seigneurie. Ransfort (Randsfort), *fort du bord,* ou *passage.* Château de Ravensteen. Tweeputveld, *le champ des deux trous* ou *fossés.* De kleine hove, *la petite ferme.* Hoogenkauter, *la haute culture.* De Meer, *l'étang* ou *le lac.* De Meerveld, *la couture du lac.* Meulemeersch, *prairie du moulin.* Neerpede-Sᵗᵉ-Gertrude, nom d'un village voisin. Vlaesendael, *vallée au lin.* De wuy, *le retordoir.* Cureghem (Cueringhem, Curenghem, 1130). La valeur du nom de ce hameau ne nous est point connue.

ARCHENNES. *fl.* ARKENEN.

• *Arkennæ,* 1125, Mɪʀ ; *Arken,* 1147, Top. Bra. *Arcania.*

Cet appellatif signifie *confluent.* Il a pour radicaux ar, aar, mot celtique qui signifie *rivière,* et chena, qui veut dire l'endroit où une rivière se jette dans une autre. Ce dernier mot est passé dans la langue romane. Voy. Roq. Le ruisseau le Train se réunit en effet à la Dyle à Arquennes. Une autre étymologie est également applicable.

Archen, mot allemand, signifie les *canaux*, les *rivières*. En nommant de ce nom cet endroit, nos pères auraient eu également en vue la pensée de désigner deux ruisseaux.

HAMEAUX.

Les monts, les prés, Bouly, *lieu bas*. Ce sont des prairies aujourd'hui. Voy. Roq aux mots *boë*, et *lie, liet*. Florival, *vallon fleuri*. Il a porté autrefois le nom de *Vaulx fleuri, Flori-Val, Vallis florida*. Il en est fait mention en 1190. C'est le nom d'une ancienne abbaye de femmes de l'ordre de Citaux établie en ce lieu. Telle est l'origine de cette dénomination. On rapporte qu'après avoir jeté les fondements de leur couvent dans un lieu peu favorable, les saintes femmes furent averties par un ange de gagner un lieu voisin couvert de fleurs pour s'y établir ; ce qu'elles firent ; et leur couvent prit de ce moment le nom de Florival.

ASSCHE.

Ascum, vie de St Berlende ; *Asscha*, 1086, W; *Assche*, 1148, Mir; 1159, Cart. T; *Asscha*, 1179, Mir ; *Aske*, 1258, id ; *Asca*, 1353, Mei; *Assch*, 1201, Mir.

Cet appellatif signifie proprement *cendre*, en latin *cinis*, par extension *cimetière*. On peut supposer qu'il y avait là un *cinerarium*, c'est-à-dire une place où l'on détruisait les corps morts par l'incinération. Les cimetières romains étaient toujours placés le long des grands chemins. Or la voie consulaire passait à Assche. Ast, Harst sont deux vieux mots tudesques qui signifient aussi cimetière. Wauters fait dériver ce nom du mot anglo-saxon *Ask*, ou de l'allemand *Aesche* ou *Esche*, qui signifie frêne.

Il y eut près d'Assche un camp romain. Ce fut dans ce camp que le lieutenant de César, Quintus-Cicéron, fut attaqué par les Nerviens et leurs alliés.

Cette ville fut brûlée par les Flamands en 1353.

HAMEAUX.

Asbeek, Astbeek, *ruisseau d'Assche*. Den kalkoven, *le four à chaux*. Asbeekveld, *champ* ou *culture d'Asbeek*. Hascreold ou Asscherholt, *bois d'Assche*. Il en est fait mention en 1047. Cautertaverne, *la taverne de la culture*. Den kruisberg, *montagne de la croix*. Volckeghem, *demeure* ou *hameau des peuples*. C'est évidemment un souvenir du siége du camp d'Assche. Dechlepul ou Echelenpoel, *marais des sangsues*. Hunneghemstraet, *hameau des Huns*, souvenir de l'invasion de ces peuples barbares.

AUTRE-ÉGLISE.

Altre epclise, X° siècle, Ac. SS.

On prétend que cette église était, après celle de Tongres, la plus vieille du Brabant. De là serait venu son nom de *autre* ou *seconde église*. Elle était dédiée à la vierge Marie. Quand parle la tradition, dit saint Chrysostôme, il ne faut pas chercher autre chose. Or, on a conservé sur cette paroisse les deux distiques suivants :

> Creditur hoc templum Materni tempore structum,
> Non magis antiquum Belgica terra tenet.
> Hic locus est (si nos docuit non falsa vetustas)
> In quo post Tungros altera sacra viget.
>
> *Top. Brab.*

ATTENRODE-WEVER.

1120 , 1259 , Cart. de T.

Ce nom veut dire *vieux défrichement*. Il a pour radicaux ald, old, alt, qui signifie *vieux*, et rode (du verbe uitroden, uitroeyen), *essart*. Quant à Wever, ce mot nous paraît altéré pour Eveere, qui signifie *passage d'eau*, *un ponceau* ou *barquette*. La lettre *w* est souvent parasite, comme la lettre *h* dans les mots français *haut*, *hauteur*. Ce hameau est baigné par la Fleppe et le Broeckbeek.

HAMEAUX.

Butschoor, *alluvion de la motte.* Kleyn Kensberg, *petit Kensberg.*
Craenenbroeck, *marais des grues.* Le Centre.

AUDENAEKEN.

Haldenach, 1164; *Holdenake*, 1169; *Houdenake*, 1221, 1260;
Houwenaken, 1435, 1480; *Houdenaken*, 1533, 1549, W.

Cette commune ne comptait que 24 foyers en 1435. Son nom a
pour radicaux old, ald, *vieux*, et ak, aek, *eau*. Il signifie donc littéralement *vieille eau*, peut-être *vieux therme*. Nobis ac pro aquâ in
usu fuit, dit Becanus, Herm., lib. VIII, page 155. Il affirme que de
son temps les vieux Brabançons employaient le mot aeker dans le
sens de vase à puiser. Voy. au surplus l'art. Jodoigne.

BAEL. *fl.* BAELEN.

1320, 1447, MIR.

Le village de Bael est situé à l'extrémité du Brabant; là est la limite qui sépare cette province d'avec celle d'Anvers. Le mot Bael
n'est qu'une légère altération de Pael, car on sait que le *b* et le *p* se
confondent souvent dans la langue flamande. Or, Pael, en hollandais
Paal, en allemand *pfahl*, signifie *poteau, borne.* De là vient le verbe
hollandais bepalen, *borner, limiter, déterminer.* Le hameau-nord de
ce village qui touche à la limite, porte le nom bizarre et inintelligible de Schaluin. Il faut, à notre avis, lire Spaelum qui est là pour
Des pael um, *hameau du poteau.* Au nord-ouest de Bael se trouve
le village de Tremeloo. Là, entre Tremeloo et Keerberghen, on voit
une longue et étroite enclave du village de Schriek, province d'Anvers. Cette enclave porte le nom de *Paelstraet;* ce qui confirme ce que
nous venons de dire concernant l'altération supposée du nom de *Bael.*

HAMEAU.

Bonten os, *le bœuf bigarré.*

BAISY-THY.

962, Mir ; *Baseium*, 1096, Ac. SS; *Basiers*, 1135; *Basiu*, 1180, Mir.

Cette commune est située sur le Tangissart et la Dyle, dont le nom ancien est la Thy. Le Tangissart la traverse du sud au nord-ouest. Ses rives sont escarpées, particulièrement la rive droite que dominent les hauteurs du bois de Hez. Le centre du village où étaient le château de Godefoid de Bouillon et la cour d'Ayviers, est dans un fond relativement à ce qui l'environne. La partie que baigne la Dyle est dans une situation identique. De là son nom. Basi, Bazi, dit Roq., signifie *fosse, tombe.* C'est l'acception primitive. Baisy, selon nous, n'est pas autre chose que Baix-chi, *bassus locus, bassa domus,* lieu bas. Miræus dit que Basiers s'appelle vulgairement Basiu ou Basy.

Quant au mot Thy, il indique que cet endroit est sur la Dyle.

Baisi-Thi est le berceau de Godefroid de Bouillon, d'Eustache et de Bauduin, ses frères, que M. d'Harbaville, dans son Mémoire historique et archéologique sur les localités du Pas-de-Calais, place abusivement ou par excès d'amour national, à Boulogne-sur-Mer. *Suum cuique.*

Hameaux.

La Falise, c'est le *bord élevé* d'une rivière, *montagne, lieu élevé.* Voy. Roq. Marichet, *pâturage communal, public.* Clair-Bois. Ferme del Waster (du désert), c'est le même mot que Wastinne, *Wastum,* bas-latin. Maison du bois. La Hutte. La basse Hutte. Dernier pâtard. Chenimont, *mont du chêne,* ou *planté de chênes.* Quatre-Bras ; c'est un endroit où deux chemins se coupent. Tangissart. Thy. Fosly ou Fosty ; ce hameau est situé sur les bords du Tangissart. Son nom l'indique, *fosse-lieu.* Les mots *ly* (ly se modifie quelquefois en chi, gi, zi, ty), *liez, liex, lie, leu, liu, lius, lou, liou, lue,* signifient lieu, endroit, *locus.* Voy. Roq. Les communes ; ce sont les terres communes d'un endroit. On dit mieux les communaux. Ru-d'Hez, *ruisseau de Hez,* (bois du village où le ruisselet prend sa source). Maison Ricard. Hatain (Hautain), *haut hameau.*

BAULERS.

Basleis, 897, 948, Mir ; *Baulez,* 1059, T. B.

Les vieilles formes bas-leis, bau-lez font connaître que le nom de cette localité est roman. En effet les mots lées, léez, lés, lez signifient dans cette langue *localité, étendue, allée.* Ces variations romanes, soit dit en passant, pourraient bien provenir du mot teutonique leese, *sulcus, sillon.* Le premier radical du mot Bau est également roman et veut dire bas, inférieur. Baulers ou Baulez est donc identique à bas lieu. Cet endroit est, d'ailleurs, dans un riant vallon.

HAMEAUX:

Alsémont, Asémont, locution wallonne qui veut dire *à les monts* (aux monts). Trou du bois. Grand-Mont. Chaumont, *mont nu.* Croix Hayette.

BAUTERSEM.

Baltersem , 1130, Cart. St Bav ; *Baltershem* , 1163, Cart. D. B ; *Boutersem* , 1230, Mir ; *Boutersheim* , Gram ; *Boutersemia et Walteri domus,* id ; *Bouterchem* , 1301, B. Y ; *Boutershem* 1302, Mei ; *Boutersem* , 1303 , id.

Ce village est situé sur la Velpe (Fleppe en français). Il comptait 115 foyers en 1435. Son nom signifie *manse, demeure de Walter,* premier colon ou seigneur de l'endroit.

HAMEAUX.

Bost (Bosch), *bois.* Hoogbutzel. Voy. l'article Roosbeek-Neerbutzel, où l'on voit que zel est une abréviation de zele, zeele, ancienne *sala, sedes.* Weesenberg, *le mont des orphelins.* Kroom haring est une désignation donnée probablement par la fantaisie.

BEAUVECHAIN: *fl.* BEVEKOM.

Bevecum, 640, Mol; *Bavenchem*, 1283, Cart. C. D. F;
Bavechem, 1098, Mir.

Cet endroit situé sur un ruisselet qui se jette dans la Dyle, était connu en 640, comme on peut le voir dans la légende de Molanus. Son nom flamand signifie *demeure de Bavon*. Il s'agit probablement de St Bavon, seigneur de la Hesbaye, le même qui fonda un monastère d'hommes à Chaumont-Gistoux. Beauvechain, Bavechain est la traduction fidèle du nom flamand, Bave signifiant *Bavo*.

HAMEAUX.

Grande et petite Bruyère. Le Culot, c'est l'extrémité, le bout (d'un village). L'Espinette, *la petite épine* (arbuste), arbre du dieu de Gembloux. Bois de Parck. Epine-Ste-Hermelinde. C'est peut-être le lieu où sa virginité fut en danger. Voy. à ce sujet l'art. Meldert. Grande et petite Gregette, nom de ferme. Il signifie ferme à moutons et vient du latin *grex, gregis*. Reemetenbosch, *bois des petits béliers* (Rammetjen).

BECKERSEELE.

Beckensele, 1086, Mir; *Bekensela, Beckenzele*, 1366; *Beckenseele*, 1480; *Bockerzeele*, Gram; *Bechesella*, 1143, Cart. d'Afflighem.

La synonymie de cet appellatif n'est point douteuse. Les plus vieilles formes nous apprennent que ce village doit son nom à sa situation entre deux ruisseaux (Beken). On sait que seele, sele, zeel (sala) est une habitation, par extension, un village.

HAMEAUX.

Boterberg, *mont au beurre.*

BECQUEVORT.

Beckevoort, 1125, Mir; *Beckevoort*, 1435; *Beckevoirt*, Gram.

Cet appellatif est flamand; il conviendrait donc d'écrire Bekevort ou vorde. Cette commune est située sur un petit ruisseau qui se jette dans le Demer, près de Diest. Son nom signifie *passage sur le ruisseau*. Voy. ci-après l'art. Vilvorde pour les radicaux.

HAMEAUX.

Le Village. Petite Campine. Nattebeempd, *prairie humide*, altération de beemd. Pynining est aussi une altération de Pynening, *prairie des sapinières*. Gobbesrode, *essart de Robbe* ou *Robert*. Le nom français est Gobbelschroy. Vogelberg, *mont des oiseaux*. Ossenberg, *mont des bœufs*. Bois de la fontaine.

BEERSEL St LAMBERT.

Berseel, 1164, W; *Bersele*, 1190; *Barselle*, 1223, à Thymo; *Bersele*, 1411, 1435, W; *Beerseele*, 1491.

Le plus ancien document qui fasse mention de Beersel, date de 1164. A cette époque, son territoire presqu'entièrement couvert de bois avait encore un aspect sauvage qui justifiait son nom de Beersele, (c'est ainsi qu'il convient d'orthographier cet appellatif), c'est-à-dire *demeure des ours*. L'église reconnaît pour patron St Lambert. Cette localité a conservé un aspect désert.

HAMEAUX.

Neerbeersel, *Bas-Beersele*. (Inferior Beersel, 1269, Nederbersela, 1292, Nederbeersele, 1382, W.) Laerheide, *bruyère de la vaine pâture*. 'T hoff Hongerye, *la ferme de Hongrie*. Château de Verboels. Neckersdelle, *vallée des Nickers*, souvenir de la mythologie germanique.

BEGGYNENDYCK.

Le nom de ce village qu'il convient d'écrire Begynendyk, est synonyme de *Digue des Béguines*. On peut raisonnablement supposer que des religieuses de cet ordre, établies en ce lieu ou propriétaires de quelques terres, auront élevé une digue pour les préserver des inondations des gros ruisseaux qui parcourent l'endroit. On ne donne point de section à cette commune qui, du reste, paraît peu ancienne.

BELLINGHEM.

Belinghen, 1144, Mir; *Bellenghem*, 1234; Mir F.

Tel qu'il est orthographié en l'an 1144, ce nom signifie *manse, demeure de Belling*. Bellenghem serait *le village aux peupliers blancs*. Il aurait, dans ce dernier cas, la même synonymie que Belleghem, commune de la Flandre orientale. Voy. Willems à cet article. Meyer fait mention en 956 d'un village du nom de Bellanicum dans le Brabant. Serait-ce Bellinghem?

HAMEAUX.

Huismeken, *hameau de la vieille*. Ledaelen, *vallée du chemin*. Voy. Hoe. au mot *led, lede*. Petit-Bruxelles. Begynenveld, *couture des Béguines*. Château Van Dendaele. De vier bunders, *les quatre bonniers*. De geynster, *l'étincelle*. De roos, *la rose*. Gehuchte Van Dendaelen, *hameau Van Dendaele ou de la vallée*. Hekkeveld, *culture de la barrière*. Koudelaerenberg, *mont des froides landes*. Kaerenberg, *mont choisi, chéri*. Voy. Kil. à ce mot saxon. Koekerenbosch, *bois des couques*. C'est peut-être une altération de Koekoekenbosch, *bois des coucous*. Mullenveld (Mollenveld), *culture du moulin*.

BERCHEM St LAURENT, St LAURENTSBERG.

Berchem, 1135, 1372, Mir; *Sinte-Laureys-Berchem*, 1435, 1555.

BERCHEM-Ste-AGATHE, SINT-ACHTENBERG.

Berchehem, 1132; *Berchgem*, 1302; *Berchsem*, 1480; *Berchem*, 1372; *Berchemium Agathæ*, Gram.

Le mot Berch, vieux mot flamand, est identique à Berg. Il signifie *colline, monticule*. Berchem veut donc dire *village sur le monticule, domus in monte collocata*, comme dit Becanus. C'est en effet la situation du lieu. Le premier village ne comptait en 1435 que douze maisons, le second trente-six. Les adjonctions de S¹ Laurent et de S¹ᵉ Agathe font connaître que les églises de ces villages sont placées sous la protection de ces bienheureux.

HAMEAUX.

Koekelberg, *le mont des coucous*, nom d'un village voisin. Voy. cet art. Beysbergblock, *enclos du mont des baies*, ou *des abeilles* (bye). Kasterlinden, *les tilleuls du camp*. Kiekebougsveldc (bosch), *culture du bois des poulets*. Keizer Karel. C'est tout simplement une enseigne de cabaret, *à l'empereur Charles-Quint*. Mais cette enseigne nous rappelle une des charmantes anecdotes de la vie du grand Prince.

Le 25 janvier de l'an 1540, le vainqueur de Tunis se trouvait à Gand, sa ville natale. Ayant appris que son frère Ferdinand était sur le point d'arriver à Bruxelles, il partit pour cette ville en compagnie d'un seul seigneur. L'obscurité l'ayant surpris dans le village de Berchem, il alla frapper à la porte d'un paysan. On ouvre. L'empereur demande à cet homme qu'il veuille bien l'éclairer et l'accompagner. Celui-ci consent à lui servir de guide, prend son énorme lanterne et précède les deux cavaliers. Le nom de Charles avait été prononcé par son compagnon de voyage. Ils marchaient depuis quelque temps, quand le paysan qui avait un besoin à satisfaire, ne se gêna point pour lui faire tenir sa lanterne, en lui disant : *Karl, houdt de lantern, ik moet pissen*. La frayeur du paysan fut à son comble quand, le lendemain, il connut la qualité de l'homme qu'il avait guidé ; mais Charles le rassura, et, en récompense du service qu'il lui avait rendu, l'exempta pour toujours d'impôts. On voyait autrefois dans l'ancien cabaret enseigné *Karel houdt de lantern* cet épisode peint sur le mur. Quel est le vandale qui l'en a effacé ?

BERGH.

Berga, 1142 ; *Berghe*, 1248 ; *Bergen*, 1190 ; *Berghen*, 1627, 1634 ;
Bergh, 1469 ; *Berghe*, 1542.

Cette commune est située sur un terrain plus élevé que les plaines qui l'entourent. De là son nom : *monticule*.

HAMEAUX.

Lille, *passage*. Balkstraet, *hameau* ou *rue de la poutre*. Binnenveld, *culture intérieure*, c'est-à-dire du milieu de la commune. Blakkeheyde, *bruyère unie*, *plane*, de black, æquus, planus. Voy, Kil. Lemmeken (Lam), *hameau des agnelets*. Bulsem ou Bulshem, *hameau du taureau*. Kooyenbosch, *bois des canardières*. On y compte six étangs. Cutseghem (Cutsenghem, 1303), *hameau des massues*. Voy. Kil. aux mots *kuyse*, *kudse*. Fryssel est évidemment pour Vrysel, Vryzeele, qui signifie *alleu* et non un *fief,* ou bien encore *franche demeure.* C'était probablement une franchise ou terre franche, *dominium liberum.* On peut voir dans la Topographie du Brabant, par le baron Le Roi, une ordonnance du Marquis del Castel Rodrigo de l'an 1665 concernant les terres franches. Pour sublever les terres franches des logements effectifs de sa compagnie des Gardes de Cuirassiers, il y règle les rations que chacune d'elles aura à fournir, chaque mois, entre les mains du fourrier de ladite compagnie des gardes en la ville de Bruxelles.

Frysel peut aussi provenir d'un autre ordre de choses plus ancien que les terres franches. En effet, à l'aurore du moyen âge, les grands domaines étaient divisés en manses (mansa, mansiones). Ces manses ou fermes étaient de trois espèces : *ingénues, censitaires* ou *serviles,* suivant qu'elles étaient exploitées par des fermiers libres, des colons ou des serfs. Dans ce cas, Frysel signifierait ici manse de fermiers libres. On rencontre encore dans le Hainaut de vieilles traces de ces divisions territoriales tout à la fois romaines et franko-gauloises.

BERTH.

Berthemium, 822, Mir F; *Berthem*, 826, Ac. SS. ; *Beerthe*, 1435.

Sur le Voer*:* Ce nom est synonyme de *manse* ou *demeure de Bertin.* Ce village faisait partie du domaine de Sᵗ Adelard ou Alard qui vivait en 820. Voy. Mir., Fast.

HAMEAUX.

Ste Véronique, vieille route. Berthembosch, *bois de Berth*. Daleux, *endroit aux dalles*, pierres durcs qui servent à aiguiser le tranchant des faulx. Voy. Roq. aux mots *daie*, *dalle*, et pour le mot *lcu*, l'art. Baisi-Thy.

BETECOM.

Curtis de Bettenchem, 1130, Cart. St Bav; *Betecum*, 1435; *Betechemium*, GRAM.

Ce village situé sur le Demer et la Laek, paraît avoir retenu son nom d'un ancien peuple, les Béthasiens qui occupèrent cette partie du Brabant.

HAMEAUX.

Hulst, *le houx*, myrte sauvage. Tholhuys (Tolhuis), *maison du péage*. Geestveld, *plaine de sable*. Tumkensberg, *mont des tombes*. Puttenberg, *le mont des trous*. Moorsom, *hameau du marais*. On voit ici que dans cette partie du Brabant, les suffixes *hem*, *em*, *chem* sont remplacés par *om*, *com*, comme dans Betecom, Rommersom, Binckom, Moorsom. Si l'on avance un peu vers le nord, on trouve ces suffixes remplacés à leur tour par *um*, *cum* : Ellicum, Gorsum. C'est que là le dialecte flamand tend à se rapprocher davantage de la langue mère, l'allemand.

BEYGHEM.

Beinghem, 1160; *Beienghem*, 1212; *Beegien*, 1233; *Beighem*, 1284; *Byeghem*, 1400; *Beyghem*, 1436; *Beydeghem*, 1550, W.

Le mot Beyghem signifierait littéralement *village des pépins*, langage figuré pour désigner un verger, une pommeraie, voir même une pépinière; mais la forme de 1160 et surtout celle de 1212, nous montre le *village des abeilles*.

Het eyken, *le petit chêne*. Ceupendries (Kuipendries), *vaine pâture des bas-fonds*. Het hoff ten doerne, *le manoir de l'épine*.

BIERBEEK.

Birbaica, 1096, MIR; *Vlierbeca, Vlilerbeca, Vlierbeek*, 1125, MIR; *Birbeca*, 1134, id; *Vliederbeca*, 1148, Top. B; *Birbeca*, 1154, Cart. St Bav; *Birbeche*, 1159, Cart. T; *Byrbeche*, id; *Birbaicum*, 1168, Cart. D. B; *Fliterbeca*, 1188, Arch. Fl. oc.; *Birbacum*, 1462; *Birbach*, 1220, Ac. SS.

Bierbeek était autrefois une baronnie considérable comprenant douze villages et les bois de Meerdael et de Molendael. Ses premiers seigneurs descendaient des Comtes de Louvain.

Grammaye traduit son nom par *Proxima palus*, *marais voisin*. Nous ne comprenons pas cette synonymie. Les formes les plus anciennes étant celles qui se rapprochent le plus de l'époque de la fondation des localités, c'est à celles-ci qu'il faut demander l'étymologie et non à la forme moderne, fille souvent dégénérée, qui pourrait nous tromper sur la valeur des radicaux. Or, vlier, vledder en vieux teuton désigne le *sureau*, arbre très-commun dans le pays. Rien de plus naturel que cet arbre, croissant et ombrageant les rives du ruisseau qui passe à Bierbeek, lui ait laissé son nom. Que le règne végétal ait fourni partout une foule de noms de localité, c'est là une vérité incontestable.

De plaets, *la place*. Haesrode, *défrichement du lièvre*. Ce mot est peut-être altéré pour Hansrode, *défrichement de Jean*. On a vu en effet qu'il était dans les mœurs de nos ancêtres d'attacher à la terre défrichée le nom de l'essarteur. Ruysbroeck (Ruychbrock), *marais couvert d'arbrisseaux*. Meerbeek, *ruisseau des marais*. Brempt ou

Breempt (1287 , Mir.), *endroit couvert de genêt.* Welerbeek , *ruisseau de la source,* du mot all. *welle.*

BIERGES.

Bierg, 1301, Mir ; *Bierge,* 1339, 1400, id.

Même étymologie que ci-dessous. Cette commune n'a qu'un hameau : *la ferme du puroir.*

BIERGHES.

Berghes, 1346, 1435, Mir ; *Birges,* 1470, Mol.

Cette commune est située dans le Brabant-wallon. Son nom est roman. Il veut dire *petite éminence.*

HAMEAUX.

Sartiau, c'est le diminutif de sart, *petit essart.* Boussart, *défrichement bas.* L'Épine. Mon plaisir. Annecroix. Grand trou. Radou. On appelle en roman radou, rados, un endroit situé à l'abri du vent, comme serait le voisinage d'un bois.

BIEZ.

Cette commune est située sur le Train. Elle ne comptait que 53 maisons en 1536. Son nom est roman. Il est identique à *bief* ou *ruisseau,* en liégeois, *bi,* en bas-latin *bevius, bierum.* Voy. Roq. et Ducange.

HAMEAUX.

Basse-Biez. Sart, *défrichement.* Grandsart, *grand défrichement.* Cocqueroux, nom de fantaisie, sans doute. Heze, *la plaine cultivée.* Cet endroit se trouve au sud de Grandsart. Son nom est une opposition à celui de ce dernier hameau. Voy. Ducange à ce mot.

BINCKOM.

Benchem, 1159, Cart. T; *Binchem*, 1435.

Cet appellatif est synonyme de *maison rustique*. Voy. Kil. au mot Binck, c'est-à-dire, sans doute, située au milieu des bois.

HAMEAUX.

Le Centre. Vossel, *endroit aux renards*, peut-être aussi *manse, sala de Vossius*. Boekhout, *bois, forêt de hêtres*. Voy. Kil. au mot Boeck. Parysstraet, *rue de Paris*. Molenberg, *mont des moulins*. Groenendries, *pâturage verdoyant*. Opperstal, *haute lande*. Hulst, *bois de bruse* ou *de houx*. Kerkebosch, *bois de l'église*.

BLANDEN.

Grammaye suppose que l'on a dit primitivement Bylanden et traduit ce dernier nom par vicinum territorium, *terre voisine*. Blande, en roman, signifie *doux, beau, agréable*. Mais le nom de Blanden n'est pas roman. Nous le prenons pour une syncrèse de Bouwlanden qui est identique à *terrain cultivé, terre arable*. Cette localité se trouve placée entre le bois d'Héverlé et la forêt de Meerdael. Le sol de cette commune faisant contraste avec celui de ces deux endroits, son nom devait en être en quelque sorte l'antithèse. Or, Blanden est dans une plaine sans marais, sans bois ; son sol est fertile, sa situation des plus agréable.

Cette commune n'a point de hameau.

BODEGHEM-St-MARTIN.

Bodinghem, 1086, 1227; *Bodeghem*, 1267; *Boedeghem*, 1411; *Buedeghem*, 1491; *Bueghem*, 1552.

Le peuple nomme cet endroit indifféremment Bodeghem, Beughem et Beudeghem. Ces diverses dénominations nous font connaître le *manse de Bauduin*, (Boude, Boudje). M. Wauters croit que c'est le même village que Bodogève, Bodecheim, Bodobaim, dont le Gast (le sire ou seigneur) aurait concouru avec ceux de Wise, de Sale et de Winde à la confection de la fameuse loi salique.Voy. cet intéressant article dans l'Histoire des environs de Bruxelles, vol. 1, p. 202.

HAMEAUX.

Voorde, *passage*, *gué*. Honsom ou Honsem, *hameau du chien*. Wolsem, *hameau de Wolsius*, ou Wolfsem, *hameau du loup*.

BOGAERDEN.

Bogaerde, 1435 ; *Bongaerde*, 1690, T. B.

Cet appellatif est synonyme de *Pommeraie*, *Pomarium*. Il a pour premier radical boom, *arbre*, et pour second aerde, *terre*.

HAMEAUX.

Ferme de Court. Ferme de onze mille. Ferme de Reigersdael, *vallée des hérons*. Ferme de Ter Cammen, *de la Cambre*, nom d'une ancienne abbaye établie à Ixelles. Voy. cet article.

BOMAL-SUR-GHÈTE.

Bommael, 1435.

On a débité beaucoup d'absurdités sur le compte du mot mael, parce que l'on n'a pas connu sa véritable acception. Grammaye surtout est fort embarrassé quand il se trouve en présence de ce terrible appellatif. Il ne sait de quel nom le saluer ; tantôt il reconnaît en lui un prædium, tantôt toute autre chose aussi peu convenable. D'un autre côté, s'il faut en croire Wendelin, toutes les localités en Belgique qui portent le nom de *mael* tireraient leur étymologie d'un mâl qui s'y est tenu.

Or, on appelait au moyen âge mâl ou mael un lieu où siégeait, sous les rois de la première race, une compagnie de judicature chargée par l'autorité souveraine de rendre et d'administrer la justice dans les différents lieux de sa juridiction. La loi salique donnait à ces assemblées le nom de *maelberg, mallobergium.*

Pour en revenir à Bomal, ce mot ne signifie pas autre chose que *l'arbre borne.* On peut supposer que là fut d'abord la limite entre Glimes et Autre Église, et que plus tard cet endroit est devenu village sous ce nom. Voy. les art. Orsmael, Dormael, Wezemael.

HAMEAUX.

Bommelette, *petit Bomal.* Le Golet ; ce mot signifie littéralement une *goulette,* un *petit canal ;* ici il désigne le ruisselet qui passe à Bomal. Warichet, c'est un endroit communal soumis à vaine pâture. C'est le Warechaix du Hainaut, le Dries des terres flamingantes, le Trixe du pays de Liége. La Bruyère. Heidenge, *Hedinia,* nom d'une ancienne seigneurie.

BONLER.

Bonler, Bolerium superum, GRAM; *Boler, Bouler-le-sur-Train,* id.

Ce mot est roman. Il signifie *bon terroir.* Son nom fait opposition avec Chaumont et Corroy-le-Grand. Le premier village lui est contigu ; le second confine à Chaumont. Voy. Roq. au mot *Ler.*

HAMEAUX.

Basse-Bonlez. Roblet, nom dont la valeur nous est inconnue. C'est probablement un nom de ferme.

BORGT-LOMBEEK.

1150, MIR ; *Borggraven-Lombeke,* 1528, Cart. C. F ;
Lombeca, 1356, MEI.

Lombeek (Lommerbeek) signifie *ruisseau ombragé.* Borggraven-Lombeek, *Lombeek du chatelain.* Cet endroit fut incendié par les Flamands en 1356. Voy. au surplus Lombeek-Ste-Catherine.

HAMEAUX.

Le Village. Weverstraet, *rue* ou *hameau des tisserands.* Eygendom (eigen), *l'alleu.* Catthem, dont Miræus fait mention en 1167, tire son nom des Cattes, Catti, un ancien peuple. Kei, *le caillou.* Lodershoek, *hameau de la volupté.*

BOORT-MEERBEEK.

Meerbeke, 1290 ; *Borde-Meerbeke*, 1290 ; *Bort-Meerbeke*, 1295 ; *Boert-Meerbeke*, 1297 ; *Boert-Meerbeke*, 1404, 1452, W.

C'est à la fin du XIIIe siècle seulement que ce village prit l'adjonction du mot boort, qui signifie *rade*, endroit de chargement. Meerbeek signifie *ruisseau de la limite*, parce qu'en ce village finissait la juridiction de l'Ammanie de Bruxelles.

HAMEAUX.

Den bergh, *le monticule.* De laer, *la bruyère.*

BORNIVAL.

Borgnival, 1372, Mir ; *Bournival, Burgivallis*, Gram, 1690, T. B.

Cette commune, située sur la Trines, fut érigée en baronnie en 1674, sous Charles II, roi d'Espagne. Elle comptait 28 foyers en 1526. Il y avait anciennement un château-fort qui fut détruit par les Flamands en 1486. C'est ce château et sa situation qui lui ont donné son nom de *vallon du fort, du castel.* Borgival, Bornival semble être la romanisation de Borgvalleye.

HAMEAUX.

Le Chêne. Marville, *villa du marais.* Haute et basse Marville. Warichai, *pâture publique.* Croiseau ; en cet endroit trois chemins se croisent. Le Clokeman. Ce mot tout à la fois flamand et roman veut dire *sonneur*. Le Choux, le Père, deux noms de fantaisie.

BOSSUT-GOTTECHAIN.

Bussutum-Gottechemium, 1126, Gram; *Godechiennes*, *Gottechien*, 1690, T. B; *Gortechien*, id.

Le premier nom signifie *une buissière*, Buxetum ou Buxeria, en bas-latin. Gottechain ne peut signifier autre chose que *demeure des Goths*, ou bien c'est le manse d'un seigneur du nom de Gotto ou Gotton, Agaton.

Le baron Le Roi, dans sa Topographie du Brabant, donne une autre synonymie au nom de Bossut. Il prétend que cet endroit, n'étant autrefois qu'à la distance d'un quart de lieue du bois de Meerdal, a pris de cette circonstance le nom de *hors du bois*, Bosch-uit.

HAMEAUX.

Pecrot-Chaussée. La Haise, *la couture*. Mal-Haise, *la mauvaise couture*. Beau Sart.

BOUSVAL.

Vallis Bousia, Gram; *Bouseval*, id; *Bouzeval*, *Busvaux*, T. B; *Busvallis*, id.

Cet endroit est situé sur la Dyle dans un bas-fond. Son nom est identique à *vallon fangeux*. Il a pour premier radical le mot roman boé, bouse, *fange*, boue. Le second est français. Voy. Dict. rom-wall-celt., et Roq. aux mots cités. Cette commune comptait 42 maisons en 1436.

HAMEAUX.

Wanrou, *essart de Jean*, romanisation du mot *Waenrode*. Motte, *élévation*. Cette localité est en effet sur une colline. Ferme de Mari-

val. Château de la Motte. L'Aloux ou Lalou veut dire *l'alleu, allodium*. Voy. l'art. Mont-St-André. Abbaye de Noirha ou de Nerhain,
c'est-à-dire *du noir* ou *du bas hameau* (Noirham, Neerhem). Il y
avait anciennement un monastère en ce lieu. Il fut détruit par les
guerres. Voy. T. B.

BRAGES, BEERTH.

1560, MIR.

Le nom de cette commune a pour unique radical le mot roman
brac, *boue, bourbier*. Il peut être aussi une romanisation du mot
teutonique Braek, *vallée*, en bas latin *bracus, Bragus*. Voy. Roq. et
Ducange à ces mots. La situation du village semble justifier l'étymologie. En effet, il se trouve dans un bas-fond arrosé par un ruisselet dit Grobbe-Gragt, qui se jette à Hal dans la Senne.

Cette commune n'a point de hameau.

BRAINE-L'ALLEUD.

Brania, 1150, 1229, MIR; *Braina allodii*, 1197, id;
Braina, 1201, id.

C'est à la langue celto-teutonique qu'il faut demander la synonymie du nom de cette localité située sur le Train, entre deux plateaux élevés. Nous avons dit dans nos Etudes étymologiques sur le
Hainaut que Braine-le-Comte tirait son nom d'un mot celtique Bra-
naer, *putridum arvum, terre pourrie, humide*. Brana, Brania, autre
mot celtique d'où provient l'allemand Brunn, Brunnquell (source),
et le mot flamand Born Bron signifie *une terre à sources*. Voy. Leib.
au mot Brann.

Ducange aux mots *Barbarica* et *Barbara lingua*, rapporte cette
phrase qui confirme la signification du mot Bran. « Fontem inva-
dunt eum, dit-il, qui vulgari nomine vocatur Calebrannia, hoc est
teutonicâ barbarie, *frigida aqua*. »

Braine signifie donc *terre à sources*. La nature du sol est-elle favorable à cette interprétation, à l'étymologie donnée? Il serait dif-

ficile, impossible d'en douter en présence du grand nombre de
fontaines vives, claires, abondantes, que l'on voit sourdre sur toute
la surface du territoire de cette commune, et qui à elles seules four-
nissent le grand Aquarium de la capitale de la Belgique.

On compte à Braine-l'Alleud au delà de quatre-vingts sources. Les
principales sont : les petites brunes (du mot brunn all. source), les
sources du Corbeau, de Sadin, du Warichai, du Rossignol, du Pen-
du, de St-Pierre, du Mont-St-Pont, la source du Ménil, l'Aspirale,
la blanche source, la source des courtes hottes, la fontaine Goette
(goede ?), la fontaine Doignon, la source de la Vau, la Borre (Born,
source), la source Tilleur ; enfin, au hameau des Sept-Fontaines, on
en compte sept, et onze au triage de la bruyère. De sorte que si
l'on avait à rendre en flamand la valeur du nom de Braine, il faudrait nommer cet endroit *Bronaerde.*

HAMEAUX.

La Planche au pêcheur. La Closière à la dîme. C'est un endroit
où l'on serrait les produits de la dîme. C'est ce que l'on nomme ailleurs *la grange des dîmes, espier.* Longue rue. Paradis. Colo-Hugues,
enclos de Hugon. Saussois, *saussaie.* Neuve-ville. Ste-Marie-Magde-
leine. Mont St-Jean. Monument. C'est le Lion de Waterloo, monument éternel de la fidélité des soldats Belges et de la bravoure
d'un prince généreux, chevaleresque et magnanime. Mont-St-
Pont (Pontius). Chenois. Ermite. Valk, *faucon.* Odeghien, romanisation de Odeghem, *hameau stérile, improductif.* Voy. Kil. au mot
ode, udel, ydel. Blanchisserie. Vieux foriest, *vieille forêt.* C'est le
bois de Soigne, l'antique forêt du soleil. Bois-le Duc. Mon souhait.
Sept-Fontaines. Légère eau (nom de source). Méc d'Hainaut, *ferme,
bourg du Hainaut.* Selon Roquefort, le mot *mex, meix* signifie tout
à la fois pièce de terre, pâturage, hutte, baraque, métairie, maison,
grange, village, bourg. Voilà, certes, une source bien abondante
pour l'étymologiste embarrassé.

Si, comme on le prétend, la Senne a porté autrefois le nom de
Brania, c'est que ses principales sources sont à Braine-le-Comte.

BRAINE-LE-CHATEAU.

Cette localité touche par Wauthier-Braine à la précédente, dont elle a vraisemblablement dû faire partie anciennement. Même abondance de sources qu'à Braine-l'Alleud ; partant même étymologie.

HAMEAUX.

Les quarante bonniers. Bruyère Land Uyt. Les Fonds. Les Dras, *les Fées, les Lutins?* ou bien ce mot viendrait-il de Drasland, mot flamand qui signifie *terrain marécageux?* Le Pont, la Bruyère-Mignon. Le Bois de Clabecq (village voisin). La Baraque, la petite Hollande, l'Ermitage, le petit Beaubois, les Monts, les Taillis. Nederham, romanisation de Nederhem, *bas hameau.*

BRUSSEGHEM.

Bruceghem, 1241 ; *Brusengem,* 1265 ; *Brusegem,* 1315 ; *Bruysseghem,* 1435.

C'est *le village du désert.* Le premier radical est Ruych, d'où provient Ruychte, Ruga, *locus incultus et difficilis, locus hispidus herbis aut fruticibus.* La lettre *B* dans le mot Brusseghem n'est qu'une lettre parasite renforçant la prononciation, comme le *K* dans Knypen, Kleem (Nypen, Leem). Le mot a passé avec la lettre parasite dans le bas-latin, *Bruscia, Brucia, Brozia,* et dans les mots romans *Broce, Broussailles.* Le village est sur un plateau élevé.

On ne saurait trop appeler l'attention des lecteurs sur le grand nombre de consonnes parasites que le langage populaire a introduites dans les noms de localité. Les provinces wallonnes ne sont pas exemptes de cet abus ; mais dans les provinces flamandes ces lettres heurtent à chaque pas l'étymologiste. Les consonnes *b, c, h, k, w* sont celles qui s'immiscent le plus souvent dans les noms, comme on le verra, du reste, aux articles Caggevinne, Hauwaert, Hever, Hévillers, Héverlé, Hekelghem, Hougarde, Melckwezer, Wever, et autres.

HAMEAUX.

Bollcbeck, *ruisseau qui s'enfle*. Ophem, *hameau d'en haut*. Nederhem, 1337, *hameau d'en bas*. Ossel (Oscsella, 1139, Osensella, 1148, Ossel, 1149), *la bouvrie*. Wolvendael, *la vallée des loups*.

BRUXELLES, *fl.* BRUSSEL.

Bruolisela, 844, M<small>IR</small>; *Bruohsale*, 976, Cart. S^t B; *Brohsela*, 976, id; *Brocele*, entre 794 et 818; *Brosselle*, 1154, Cart. St Bav; *Bursella*, 1108, id; *Bruxellœ*, 1256, M<small>EI</small>; *Brouxiele*, 1297, Cart. C. F; *Brouxelle*, 1297, id; *Bruccellen*, 1225, en latin *Brusola, Brosella, Bruxella, Bruxellœ*, en flamand *Brusele, Brussel*, en français *Brousselle*.

Les compilateurs des annales font dériver l'origine et le nom de Bruxelles de Brennus et des Sénoniens. D'autres prétendent que cette ville a retenu son nom des marais qui couvraient autrefois les deux rives de la Senne. Quelques-uns tirent son étymologie d'un pont établi sur la petite rivière. Enfin, on a supposé qu'une colonie de Bructères, établie en cet endroit, lui aurait laissé son nom : *Bruckterzeele.* Ces diverses opinions paraissent peu vraisemblables.

En effet, le plus ancien acte authentique qui mentionne cet endroit, le nomme *Brocele.* Le diplome de donation de l'empereur Charlemagne de l'an 844, que rapporte Miræus, lui donne le nom de *Bruolisela.* Cent trente-deux ans après, cette ville est désignée dans le Cartulaire de l'abbaye de St Bavon sous le même nom : *Bruohsale, Brohsela,* et, en 1154, sous celui de *Brossel.*

Brocele, Bruolisela, Bruohsale, voilà donc le vieil appellatif sur lequel doit rouler tout notre examen, parce qu'il est le plus rapproché de l'origine de cette commune.

Or, Bruolum en bas-latin ne signifie ni un *marais*, ni un *Brennus*, ni un *Bruckter*, ni un *pont.*

Ce mot est identique au mot allemand *Brühl* (ein verzaünte gebüsch), au mot français *Breuil* (taillis, buisson, petit bois fermé par des haies pour la retraite du gibier, définition de l'Académie).

Bruolum, Brogilum, dit Ducange, *est nemus, silva, aut saltus in quo ferarum venatio exercetur, maximé verò silva muris aut sepibus cincta.*

Les mots Bruolum, Breuil, Brühl désignent donc une forêt, un bois, où l'on se livrait à l'exercice de la chasse au gros gibier. Ces bois étaient clos de fossés et de haies.

Il y avait des *Brogila vallata,* d'autres *consepta;* les premiers ordinairement moins grands, étaient entourés de fossés et de murailles, comme l'est encore de nos jours le Parc d'Enghien ; les autres beaucoup plus vastes étaient fermés seulement de fossés et de boulevards que surmontait une haie épaisse. On sait que nos premiers princes originaires des forêts neigeuses de l'antique Germanie, n'avaient d'autres plaisirs que ceux de la chasse. Leur palais, à eux, c'était la voûte ombreuse des forêts, leur trône un tertre ou un tronc d'arbre au pied duquel murmurait un limpide ruisseau.

On voit par les Capitulaires de Charlemagne à l'an 808, cap. 10, qu'il y avait un Brogilum (Brühl, Brogel) près du palais d'Attigni, en Champagne, et la forêt de Compiègne, qui fait encore les délices des têtes couronnées, s'appelait Brogilum Compendii , *le Breuil de Compiègne.* Les Annales des Franks, à l'an 864, nous rapportent la fin malheureuse d'un de leurs princes tombé de sa monture dans un Brogel où il chassait le cerf : *In quodam broilo cervum venans de caballo cadit.* Un vieux parc du Limbourg a conservé son nom teutonique, c'est le village de Brogel.

Arnould, comte de Flandre, créa un Brogel de sangliers dans la forêt de Mereolt et de Loo : *Taceo de silvâ Mereolt,* dit la Chronique de Thielrode, *quam sibi porcariam fecit.* Bauduin de Mons créa aussi un Breul immense, vers 1068, dans le département du Pas-de-Calais, dans le canton de Parq, village qui doit son étymologie à cette création.

On prétend, il est vrai, que la ville qui nous occupe, était déjà connue en 712. A l'appui de cette assertion, on invoque un passage de la vie de St Vindicien, évêque de Cambrai et d'Arras, qui serait mort à Brosselle.

Or, cet endroit ne désigne pas Bruxelles en Brabant, mais Brosele en Artois. Le plus vieux chroniqueur qui fasse mention de la mort de St Vindicien, c'est Balderic, mort lui-même en 1097. Voici son texte : *Die V Idus Martii migravit ad Christum, sepultusque est in Basilica, in loco videlicet qui dicitur Mons S[ti] Eligii, ubi quondàm ipse, cùm ægrotaret apud Brosellam, diœcesis suæ territorium, jussit se transferri, pro eo quòd ibì beatus Eligius habitationis suæ fecerat diversorium.*

Molanus qui est venu après Balderic, s'exprime ainsi : *Migravit ad cœlum in Brosella* (pro quo aliqui codices habent Bruxella) *suæ diœcesis territorio. Il mourut à Broselle* (quelques manuscrits portent *Bruxelle*), *territoire de son diocèse.* N'est-il pas évident que par la précaution que prend Molanus de dire : quelques manuscrits portent Bruxelle, il a voulu mettre la postérité en garde contre toute équivoque de nom ? Or, le Brossel où mourut St Vindicien est le petit village de Broxele dans le département du Nord, arrondissement de Dunkerque, non loin d'Arras et de Mont-St-Éloi, où le S[t] prélat voulut être inhumé. C'est ce Broxele que reconnaît le Bréviaire d'Arras et que Boetius, commentateur de Balderic, appelle *Brossel en Artois, Broxella pagus Artesiæ.* Voy. au surplus Gazet, Histoire des Saints, etc., Paris, 1606, et Alban Butler, Vie des Pères martyrs, etc., annoté par le chanoine P.-F.-X. De Ram. Brux., 1854.

Maintenant, en supposant même que le Brossel de 712 désignât la ville actuelle de Bruxelles, ce nom n'est pas autre chose que Bruohsale et signifie, comme lui, *demeure du breuil.* Voy. Roq. aux mots romans *Broce, Brocelle, broil, broisses, brosses.*

Si, vers le milieu du XIIe siècle, le nom de Bruohsale s'est changé en celui de Bursella, Bruxellæ, c'est le sort commun à tous les noms ; si des monnaies, frappées sous le règne du Duc Henri III, ont porté pour type une espèce de pont, cette circonstance ne saurait rien changer à la valeur de Bruolisale. Ça sera toujours la *sala du Brogel* (du parc).

Miræus dit que Bruxelles avait, en 1151, un endroit appelé castrum. Il était sur le Mont froid, *in monte frigido.* Le mot castrum est employé ici dans le sens d'oppidum, de burgum, *bourg, réunion de maisons.* Ce qui fait supposer que le berceau de la capitale ne fut pas le long de la Senne, mais sur la hauteur, sur le mont froid. Le plus ancien acte qui fasse mention de ce castrum, est de l'an 1107. Au bas de ce burgum était le Borgendael, la vallée du bourg, endroit encore connu aujourd'hui sous ce nom.

Bruxelles ne fut entouré de murs qu'en 1040. Une prévôté de chanoines y fut fondée par Waleran, premier abbé de Warschot et Godefroid le Barbu, duc de Brabant, en l'an 1140. Cette ville fut prise, pillée et en partie incendiée par les Flamands en 1356.

HAMEAUX.

Evere. Voy. cet article. Exterenberg (Eksterenberg), *Mont des pies.*

BUDINGEM.

Budenghem, Budengehem, 1086, Mir; *Butingen,* 1180, id; *Buedingen.*

Cette commune est située au confluent des deux Ghètes et sur un gros ruisseau qui vient de St-Trond. C'est une localité basse dont le tiers du territoire est en prairies. Son nom signifie *village de la cuve, du bas-fond.* Radical : Butte, allem.

HAMEAUX.

Terhaegen, *les bois* ou *les haies.* Leenhaeg, *le bois du fief.* Hoogen, *les terres élevées,* c'est-à-dire sans doute celles non sujettes aux inondations.

BUEKEN.

Bukenholt, 1202, Mir; *Bueken,* 1340, 1456, 1600, T. B.

Cet appellatif est synonyme de *forêt de hêtres.* Radical unique : Buecke, *hêtre.*

BUNSBEEK.

Bunsbeke, Bunsbeca, 1221, Mir; *Bunsebecha,* 1380, id.

Sur la Velpe. Ce nom signifie *ruisseau de la Confédération.* (Bund, allemand.)

Hameaux.

Le Centre. Wulmersomsche stract, *hameau de Wulmersom*. Puppinus fort, *Fort Pepin*. Pamelen, *les palmiers*. Stok. Ruckenbosch (Buckenbosch), *bois de hêtres*. Schaffenberg, *mont de Schaffen*.

BUYSINGEN.

Busengem, 1184 ; *Buchengien*, 1236 ; *Bucenghien*, 1300 ; *Bucheghien*, 1339 ; *Buusinghen*, 1393 ; *Buysinghen*, 1404 ; *Buyssinghen*, 1435 ; *Buisseghem*, 1491.

Cet appellatif signifie *prairies de la rivière*. On peut voir qu'en effet cette localité est sur la Senne. Il a pour premier radical le mot Buis, *canal, rivière*, et ingen, *prairies*.

Hameaux.

Kesterbeckbosch, *bois de Kesterbeek*. Eyssingen, *prairies aquatiques* (is, *eau*). Voy. Hoe.

CAGGEVINNE-ASSENT.

1560, Mir.

Nons l'avons déjà dit, il est bien peu de noms de localité qui aient conservé leur orthographe primitive et qui ne soient point arrivés jusqu'à nous défigurés, lacérés, méconnaissables enfin. Ce sont des cadavres, ils ne parlent plus. De là naît la difficulté pour l'étymologiste de soulever le voile de leur origine et de leur synonymie. Si jamais un appellatif a désarmé la patience la plus soutenue et la plus robuste, c'est bien celui que nous avons devant nous, Caggevinne-Assent.

Tâchons d'expliquer cette énigme.

Le village qui porte ce nom barbare, est situé sur le Demer et la Beverbeck (ruisseau des bièvres). Il est traversé du sud au nord par celui des Béguines. Son nom est évidemment corrompu dans son orthographe primitive. Caggevinne ne peut être que pour Haege-venne, *tourbière du bois*, ou *mauvaise tourbière* ; car telle est encore l'acception du mot haegh. Voy. Kil.

Haegevenne peut encore signifier *tourbière en défense*, comme on trouve Haegebosch, Haegewater (Hagehold, Hagewasser en allem.), *bois, eau en défense*.

La première étymologie, celle de *tourbière du bois*, nous paraît la plus vraisemblable.

Quant à Assent, nous avions également supposé son orthographe altérée ; le nom d'un hameau de Wespelaer nous a mis sur la voie de son véritable nom. C'est Asschen qui signifie *Frenoi*, bois ou plantation de frênes, du mot allem. assche, fraxinus.

HAMEAUX.

Le Centre. Meerbeek, *le ruisseau du marais*. Stuick, *buisson*. Rynrode (Rein), *essart de Renaud*. Verbrande bosch, *forêt incendiée*.

CAMPENHOUT.

Campenhalt, Campenholt, 1145, 1173, 1209.

Ce village comptait 165 habitations en 1526. Il convient d'orthographier Kampenhout, *le bois des plaines*.

HAMEAUX.

Campelaer, *larris, lande de Campenhout*. Langstraet, *longue rue*. Wilder ; ce mot signifie littéralement *terre sauvage* (wilder aerde). Vierstraeten, *les quatre chemins*. Kampelger, *bifurcation de Campenhout*. Assentvelde (Asschenvelt), *culture du frenoi*. Rist, *broussailles*. De heide, *la bruyère*. Schilhoven (Schild), *la ferme du bouclier*. Gelrode, *roux défrichement*. Nieuwewegens, *les nouveaux chemins*.

CAPELLE-AU-BOIS.

Capella, 1210, Mol ; *Capellen*, 1292, 1512 ; *Kapellen op den bosch*, 1355, 1435.

Il conviendrait d'écrire Kapel. Cette commune ne comptait que 24 maisons en 1526. Un oratoire fondé par St Liévin en cet endroit fut, dit-on, l'origine de ce village primitivement situé au milieu du bois.

HAMEAUX.

Boschkant, *le quartier du bois.* Den Valck, *le faucon.* Koningsteen, *le château du roi.* Oxdonk, *le donk des bœufs,* ou Haegsdonck, *le polder des haies.*

CAPELLE-St-ULRIC.

Kapelkerke, 1156, Mir ; *Ad Capellam,* 1143 ; *Capella S^{ti} Ulrici,* 1265 ; *Ulrici fanum,* Gram.

Une chapelle érigée en l'honneur de St Ulric a donné son nom à cet endroit qui comptait 61 maisons en 1526.

HAMEAUX.

Waterkant, *le quartier de l'eau.* Tenbroeck, *le marais.*

CAPELLEN.

Écrivez Kapel, *chapelle, oratoire.* Cette commune n'a point de hameau, et paraît peu ancienne.

CASTRE, *fl.* KESTER.

Castres, 1050 ; *Castra,* 1269 ; *Castres,* 1171, Delew.

La voie romaine passait à travers ce village, dont le nom signifie *camp.* C'était évidemment un camp des Romains. Les camps, *castra,* étaient des lieux qu'ils fortifiaient eux-mêmes de remparts et de fossés pour s'y loger sans crainte des subites incursions des ennemis. Voy. les Prolégomènes.

HAMEAUX.

Bruyère. Bercom pour Bergom ou Bergem, *hameau du mont.* Den Dael, *la vallée.* Bonte stract, *rue méchante* ou *de la pelisse.* Koekelberg a été expliqué. Voy. cet article. Brugge, *le pont.* Extraet altéré pour Heggestraet, *hameau du buisson.* Voy. Kil. au mot Hegge. Ter molcken, *au petit moulin.* Goteringen. Voy. l'art. Assche. Abeelveld, *plaine de peupliers blancs.* Kolbroeck, *marais des sorcières.*

CEROUX-MOUSTY.

Mousty ad Tiliam, IX⁹ siècle, Ac. SS.

Nous avons vu que *le Roux,* dans le Hainaut, signifie l'essart, le défrichement, *rupticum.* Le mot rou ou roux, soit qu'il vienne du mot latin précité, soit qu'il soit une romanisation du mot flamand rode, signifie essart. Il est très-probable qu'on a écrit autrefois Seroux, Secroux, car je trouve le nom de ce village traduit par *siccum rodium, sec essart,* dans la Topographie du Brabant par le Baron Le Roi. Ce village est d'ailleurs sur un plateau sans ruisseau.

Quant à Mousty, Mousty ad Tiliam, selon Grammaye, Mousty sur la Dyle, son nom signifie *église, moustier ;* on voit ici que les Wallons changent ier en y. De Moustier, ils font Mousty, de stier, sty, de Wauthier-Braine, Wauthy.

Ceux qui s'amusent à la recherche de l'étymologie des noms de cette contrée, dit le Baron Jacques Le Roi dans sa Topographia Gallo-Brabantiæ, page 146, me semblent alambiquer l'esprit à des choses si vaines et incertaines, que c'est une sottise manifeste d'y perdre le temps à en emplir le papier.

Le changement de langue, la multiplicité des colonies qui ont

peuplé le Brabant à diverses reprises, les courses des Normands et
d'autres peuples septentrionaux qui l'ont ravagé l'espace de cent ans
et plus, nous doivent retrancher les curiosités dont les siècles passés
ont mis la vérité en oubli. Il y en a cependant aucuns (noms) qui
ne souffrent pas de contredit, comme est celui de Mosty ou Moustier que je produis pour exemple. Ce nom signifiait du passé église
et est encore en usage en quelques endroits où la langue ancienne
n'a pas été changée, ni mitigée, et quoique le nom de monasterium,
qui est puisé du grec, lui ait donné son origine, si est-il qu'ayant
avec plusieurs autres été reçu en la romaine, et la langue latine avec
la grecque n'ayant pas peu contribué à l'établissement de l'ancien
gaulois, ce nom lui est demeuré quoiqu'éloigné de sa première étymologie et adapté à une nouvelle signification.

Si le wallon-brabant a été autrefois plein de bois et de forêts, il
est assuré que pour la commodité des eaux et des pâturages, les lieux
contigus aux rivières ont été les premiers peuplés, et qui peut douter que ceux arrosés du Thyl n'aient été tels, si l'on jette les yeux
sur les agréables prairies qui bordent son cours? Il est croyable que
cette contrée fut une des premières qui reçut la foi chrétienne, et
que Ste Gertrude et le bienheureux Pepin, son père, la préférèrent
à leurs autres demeures qui n'étaient point encore entièrement
purgés du paganisme et de l'idolâtrie.

Je m'imagine que Mousty sur Thyl fut une des premières églises
bâties par les apôtres de ce pays, et qu'elle en a retenu le nom. La
tradition donne St Materne pour fondateur de cette église.

HAMEAUX.

Franquegnies, nom d'une seigneurie qui signifie *franche demeure*. Ce nom a pour premier radical le mot franc dont le féminin
en wallon est *franque*, et pour second Egnies, *demeure*, par extension *hameau*, *village*. Voy. pour ce mot les Prolégomènes de nos
Études étymologiques sur le Hainaut, et l'art. Bergh, au hameau de
Fryssel. Le try, *le pâturage commun*.

CHASTRE-VILLEROUX-BLANMONT.

Villa rufa, 1690, T. B; *Mons albus*, GRAM.

Chastre signifie *petit château*. Villeroux, *essart de la villa*, ou se-lon Le Roi, *village roux*. Blanmont, *mont blanc*, ainsi nommé sans doute à cause de la couleur de la terre qui le couvre, telle que sable blanc, marne, etc.

HAMEAU.

Alerne ou Alierne, c'est le nom de la dame fondatrice du lieu. Voy. T. B. Aux montagnes.

CHAUMONT-GISTOUX.

Gistoux, 1356; *Chaumont-Gistoul*, 1650, T. B; *Calmont*, WAST.

Le premier signifie *mont chauve*, nu, sans arbre ni verdure. Grammaye le nomme *mons calvus*. St Bavon, seigneur de la Hes-baye, y avait fondé un monastère d'hommes, dit Wastelain. Voy. au surplus l'art. Meldert. Miræus le nomme Calvus mons en 1155.

Quant à Giston, Gistoul, il signifie *petit gîte*, Gistum. Voy. Roq. au mot giste. Il désigne ici le petit monastère.

HAMEAUX.

Toute feude ou toute feute, c'est-à-dire *tout fief*. Voy. Roq. à ce mot. Somville, *villa sur le sommet*. Les bruyères. Acquière. Il se trouve au sud de ce hameau quelques sources. Ce mot veut dire proprement *endroit aquatique*, d'*aquarium*, ou *abreuvoir*. Jache-broux, *broussailles près de l'eau*. Voy. Roq. aux mots *broux* et *aige*. Le premier mot vient de bruzia.

CLABECQ.

Clabeek, 1506, T. B; 1560, MIR.

Cette commune était autrefois une annexe de Tubise. C'est à

Tubise que la Sennette se réunit à la Senne. Circonstance physique qui lui a fait donner le nom de Tubeck, (Twe beken). Voy. cet art. Or Clabeek était sur le plus petit de ces ruisseaux, sur la *Sennette*, de là son nom Kleinbeek, d'où est provenu, par altération, Klabecq dont le premier radical n'aurait aucune signification dans la langue flamande. L'état d'altération où les noms de village sont parvenus jusqu'à nous est souvent un grand obstacle à leur interprétation. L'archéologue est souvent réduit à des conjectures plus ou moins probables. Il en est cependant telle que celle-ci que l'on présente avec confiance.

HAMEAUX.

Le village. La grande carrière. Vraimont. (Vreismont, 1067).

COBBEGHEM.

Cobbenchem, Cobbenghem, 1129, Cart. S¹ Bav; *Cobbegem*, 1148, MIR F; 1157, 1204, id; *Cobbenthem propè Bursellam*, 1170. C. S¹ Bav; *Cobbenchem*, 1156.

Cet endroit ne comptait que 57 maisons en 1525. Les vieilles formes Cobbenghem, Cobbenchem, font voir que le premier radical de son nom n'est pas l'abréviation de Jacobus ou Jacoba (cob, ko, kobus), et que partant il ne signifie pas manse de Jacques ou de Jacqueline.

Kobbe, dit Kilian, est une *poule*, *gallina*. Kobbenghem répond donc au mot *basse-cour*, *poulaillier*, gallinarium.

Ce n'était probablement qu'une ferme protégeant quelques chétives cabanes en 1129, époque où l'on voit qu'elle appartenait à l'abbaye de S¹ Bavon de Gand, puisqu'il a fallu 597 ans pour que le nombre de ses habitations s'élevât au chiffre de 57.

Bien des villages ont commencé par une ferme dont le nom est resté attaché à la commune. Howardries dans le Hainaut, Lampernesse dans la Flandre occidentale, doivent leur nom à une ferme à moutons, à un *ovile*.

HAMEAUX.

Le hameau de St Géry. Het hof ten broek, *la ferme du marais.*

CORBAIS.

Corbeys, 922, Mir ; *Corbeis, Corbeys,* 948, id ; *Corbais,* 1446 ;
Corbaix, 1690, T. B ; *Corbacum,* Gram.

Cet appellatif devrait signifier petit marais (Cors-bais, Cort-bais,
en roman) ; mais il n'y a point et il ne paraît pas qu'il y ait jamais eu
de marais en cette commune. Il n'y a qu'un petit ruisseau qui, prenant sa source au centre même du village, coule de là vers le
sud-ouest où il se jette dans l'Orne. L'endroit a-t-il pu tirer son
nom de ce ruisseau ? Corbais serait alors une romanisation de *Kort-
beek,* court ruisseau. Cette supposition ne paraît pas admissible, parce
que Corbais est trop éloigné du Brabant flamand. Nous pensons
donc que cet endroit, contigu à Corroy-le-Grand, en a fait partie à
une époque reculée et que son nom est une syncope de Corroy-bais,
bas-Corroy, Corroy-le-bais. Voy. Roq. au mot *bais, bas, bassus.*
Cette commune n'a point de hameau.

CORBEEK-DYLE.

Cortbeke, 1443, Mir ; *Corbeek over Dyle, Corbeca trans Diliam,* Gram ;
Cortebeek, 1600, De Rais.

C'est-à-dire *court ruisseau sur la Dyle.* Remarquez que Cor est une
syncope de kort, mot flamand. C'est à tort que Meunier écrit Coor-
beek. L'endroit avait 26 maisons en 1525. Il n'a qu'un hameau :
Ormendael, *vallée des ormes.*

CORBEEK-LOO.

Corbeek over Loo, Corbeca trans Loam.

Même étymologie que ci-dessus : *court ruisseau au delà du bois*

(Loo). Cet endroit avait 42 maisons en 1526. Il n'a que deux hameaux : Huiskens, *les maisonnettes*. Yzerporte, *porte de fer*.

CORROY-LE-GRAND.

Corroit, 1172, Mɪʀ ; *Corrodium*, 1561, T. B.

Grammaye nomme cet endroit en latin Coretum et Conrodium, ce qui ne rend qu'imparfaitement le mot Corroy. N'aurait-il pas connu la valeur du premier radical ? la chose paraît assez probable. Or, *roy* est la traduction wallonne du mot flamand *rode*, qui signifie défrichement. C'est le rodium de la basse latinité. Cor est une syncope de Coriletum, *coudraie*. Corroy, c'est le Corileti Rodium, Corrodium, *essart de la coudraie*.

Le mot le-grand distingue cette commune d'avec son homonyme, Corroy-le-Château, de la province de Namur.

HAMEAUX.

Vieu-sart, *vieil essart*. Neuve-sart. Cette dénomination vient confirmer l'étymologie du nom du village même. Baraque. Moulin à vent. Almez, *haute métairie*. Radicaux : *alt*, et *mes, mas, mets, mez*, mots romans. Voy. Roq. à ce mot. Manipré (Manil-pré), nom de ferme. Louvrange et Laidburnia sont deux noms de seigneurie. On trouverait difficilement une signification à ces deux appellatifs.

CORTENAEKEN.

Cortenacum, Cortenaken, 1304, Mɪʀ.

Cet endroit situé sur la Velpe comptait 115 maisons en 1526. Il convient d'orthographier Kortenaeken. Cet appellatif peut signifier deux choses : 1° *petites eaux*, c'est-à-dire *eaux peu profondes* ; 2° *ferme sur l'eau*, kort ten aek, du latin *cors*.

HAMEAUX.

Rigghel, *bord*. Liefkensrode, *essart de m'amie, de m'amour*. Groen-

6

sart, *vert essart*. Meunier donne Groene straet, *verte rue*, *vert hameau*. Zand, *sablon*. Heide, *bruyère*. Hogentrap, *montée*. Puudstraete, lisez pundstraete, *rue de la livre* ou *du poids*. Meunier donne Pausstraete , qui serait la rue du pape. Lapstraet , *hameau coupé*.

CORTENBERG.

Curtenbergh, 1095; *Curtenberge*, 1110; *Cortenberge*, 1129; *Cortenberghe*, 1234, W ; *Corteberge*, 1342, Mol ; *Cotterberghe*, 1352, Ac. SS ; *Corteberga*, 1414, Mir; *Curtenberga*, 1205 , id.

Ce nom signifie *petite montagne*. Ce village, qui comptait 28 foyers en 1426, était situé dans l'ancienne forêt de Sonne. Un cloître y fut établi à la fin du onzième siècle.

Ce village n'a point de hameau.

CORTIL-NOIRMONT.

Corthy , 1560. Mir; *Niger mons* , 1184, T. B.

Cortil (Courtil) signifiait autrefois un court (cortis), une habitation, une ferme avec toutes ses dépendances. Le mot courtil est encore employé dans le sens de petit jardin fermé de haies ou de murs.

Noirmont est évidemment un souvenir de l'époque romaine. Il signifie *mont noir*, c'est-à-dire *mont des tombes*. La voie consulaire passait en cet endroit. On y voit encore deux tumulus romains que l'on appelle les *tombes de Noirmont*. Ortellius en parle et leur assigne une origine romaine. Cette commune n'a point de hameau.

CORTRYCK-DUTZEL.

1302 , 1426 , 1568 , Mir.

Cet endroit est situé sur un petit ruisseau dit le Droogebeek, *le ruisseau sec*, qui se jette dans le Demer. Son nom signifie littéralement *petit passage, petit pont* (tricht). C'est ainsi que Maestricht, Trajectum ad Mosam, signifie passage, pont sur la Meuse.

Dutzel (Duitschzeele) signifie *hameau allemand,* ou il faut lire : D'Uytzel, *le hameau en dehors.* Ce qui s'explique, parce que cette localité est séparée de Cortryck par un long enclavement de la commune de Wesemael.

HAMEAUX.

Gobelsrode, *essart de Gobbel* ou *Gobbelscroy.* Kapel op den Spelberg, *chapelle sur le mont épineux.* Konings broek, *marais du roi.* Pullehove, *ferme du marais* (poel). Apostelen block, *enclos des apôtres.*

COURT-Sᵗ-ÉTIENNE.

1251, T. B; *Curtis Sᵗⁱ Stephani,* id ; *Curia Sᵗⁱ Stephani,* GRAM.

Ce village se trouve au confluent de la Dyle, de la Thyle et de l'Orne. Le mot court, en latin *cortis,* signifie une *ferme,* une *habitation,* par extension un *village.*

HAMEAUX.

Court. Mérivaux ou Marrevaux, *vallons* que l'on ne peut labourer qu'avec la *marré* (houe). Voy. Roq. à ces deux mots. Beauri, *beau ruisseau.* Voy. Roq. aux mots *ri, riu, riel.* Sart, *défrichement.* Suseriel ou Suzeril, Susry, Sury, toutes ces modifications signifient *par delà le ruisselet.* Faux, *hêtres* (fagus). Château du Chenois. Roche. Sart messire Guillaume. Belle haie.

COUTURE-Sᵗ-GERMAIN.

1210, 1560, MIR ; *Culture Sᵗ Germain.*

Le mot couture qui est encore en usage à la campagne, indique en général une terre très-anciennement cultivée. *Culture,* c'est le mot français, signifie donc *plaine arable, plaine cultivée,* en flamand *kauter.*

HAMEAUX.

Sauvagemont, *Mons ferarum*, selon Grammaye, signifie *mont des bêtes fauves*. Collinet, *petit coteau*. Petit Maransart est le nom d'un village contigu. Voy. cet art. Château de Fichermont. Abbaye d'Aiwiers, *Aquaria abbatia*, nom d'une abbaye de femmes fondée en 1202 à Aiwières, près de Liége, et transférée en cet endroit en 1217. Ainsi que l'indique le nom latin, Aiwières signifie *prairies aquatiques*. Wières, que ne donne pas Roquefort dans son Dictionnaire de la langue romane, est une romanisation du mot flamand *weyers*, prairies.

CRAINHEM.

Craynham, 956, MEI; *villa Crainham*, 1003; *Crayenham*, 1040, Hist. St Bav; *Crainhem*, 1339, MIR; *Craienhem*, 1143, DIV; 1219, 1221, 1250; *Crainem*, 1257; *Crahem*, 1263; *Crayenem*, 1152, 1387; *Creynhem, Crainhem*, 1517, 1537, W.

Cet endroit est sur la Woluwe. Son nom est identique à *demeure des corneilles*. Voy. Kil. au mot *kraeye*, cornix, cornicula.

HAMEAUX.

Bois de Parck, nom d'un village voisin. Voy. cet art. De groote weide, *le grand pâturage*. Gehucht van Stockel, *hameau de Stockel*. Groot vorst, *le grand prince*. Zoenvelt ou Sonvelt, *la plaine* ou *le champ du soleil*. Neer-Crainhem, *bas Crainhem*.

CUMPTICH.

Cumptheum, 1260, MIR; 1333, id.

On a vu que le radical is, ik, ich signifie *cau*. Komb, kumb, kum, mot tout à la fois grec, tudesque et celtique, signifie, selon Ducange, *vallis montibus undiquè obsita*. Il est passé dans la langue romane. *Combe*, dit Roquefort, *est une grotte, une vallée environnée de tous côtés de montagnes*, du grec *kumbos*. Cumptich signifie donc *vallée humide.* C'est la situation de la partie sud et ouest de l'endroit. On peut supposer que c'est dans cette partie que se sont élevés les premières cabanes, les premiers casals.

HAMEAUX.

Galgenberg, *mont du gibet.* Breisem, *hameau des tricoteuses.* Hoxem (Hoksem), *hameau de la bergerie.* Mirœus en fait mention en 1333 sous le nom de *Oschem.*

DEURNE-HOSTEDE.

Durne, 1155, Mir; *Turne,* 1320, id ; *Dorne,* 1523 ; *Doorne,* 1560; id.

Cette commune est située dans un fond humide entrecoupé de ruisseaux. Deurne n'est pas autre chose qu'une altération de Deurnes, qui signifie littéralement *à travers le terrain humide.* Telle est la synonymie de cet appellatif. La lettre *h* dans Hostede est parasite. Ostede signifie *bouverie.* Ce mot a pour premier radical os, *bœuf,* et pour second stede, *domus rustica, parva villa, sedes.* Voy. Kil. au mot nes, nas, *madidus,* et stede.

Deurne n'a qu'un hameau : Genevins dont la valeur ne nous est pas connue.

DIEGHEM.

1140, Mir ; *Dellinghem, Didenghem,* 1226, id ; 1152, W ; *Dide-ghem,* 1259, 1302, id ; *Dydenghem,* 1225 ; *Diedenghem,* 1277, 1507 ; *Diedeghem,* 1388 ; *Diegom,* 1686, W.

C'est entre deux plateaux et sur les bords de la Woluwe que se trouve Dieghem. Une abbaye de Prémontrés y fut fondée, en 1140, par Onulphe, seigneur de Wouwerghem. Son nom signifie *village du vallon.* Il a pour radicaux delling, le même que delle, dal, *vallon,* (voy. Kil. à ce mot), et hem, *demeure.* C'est en effet la situation du lieu. C'est une vallée tantôt couverte de maisons, tantôt solitaire.

HAMEAUX.

'T rot, 'T rode, *l'essart.* C'est un champ de douze bonniers entouré de murailles autrefois (1595). Kerkeveld, *quartier de l'église.* Waterweide, *pâturage aquatique.* Schitsvelde, *le champ du tir.*

DIEST.

Distenberg, 1196, Mir ; *Distemium*, 1228, 1533, id ; *Diestha*, Div ; *Diestum, Distum, Diosta,* Wast ; *Diest-hem*, 1559.

C'était une ancienne baronnie. Juste-Lipse, le grand maître en fait d'étymologie et d'archéologie, croit que ce nom vient de Diensthem, *demeure du dieu Mars.* C'est une ville, du reste, très-ancienne. De l'une de ses plus hautes tours, on pouvait voir, sous un ciel serein, la ville d'Anvers. Elle comptait 1471 maisons en 1526.
Cette ville n'a point de hameau.

DILBEEK.

Dilbeek, 640, Mir F ; *Dilbeek*, 1143, 1227.

Cette commune est située sur le ruisseau de ce nom qui signifie *ruisseau rapide.* Elle comptait 73 maisons en 1526. La légende de Ste Alène constate son existence vers le milieu du VIIe siècle. Wauters la rapporte.

Hameaux.

Wolfsom, Wolveshem, 1143, *hameau du loup.* Eleghem, Eeleghem, *hameau des anguilles.* Hongerveld, *champ de la famine.* Nootelaer, ou mieux comme on le trouve aussi écrit Odelaer, *plaine stérile.* Koeyvyver, *vivier des vaches.* Moortebeek, *ruisseau de la mort.* Cattebroeck, *marais des chats,* ou des Kattes, nom d'un ancien peuple ? Begynenborre, *fontaine des Béguines.* M. Wauters dit qu'il y avait dans ce village un endroit connu sous le nom de Develsberg, *montagne du diable,* et un lieu dit Austeen (Oude steen), *vieille pierre.* Ce serait là peut-être une pierre druidique qui nous rappellerait le culte des Gaulois.

DONGELBERG.

Dungleberga, 1036, Mɪʀ ; *Donglebert*, 1074 , id ; 1039 , id ; *Don-glebergh* , id; *Dungleberg* , 1154 . id ; *Dungleberc* , id ; *Dongle-berc* , 1172, id.

Sur la Ghète. A travers les variantes de cet appellatif qui se contrarient, on aperçoit un *petit mont sur la Ghète.* Les radicaux de ce nom seraient dun , *petit* ; Ghète et berg, *monticule.* N'oublions pas que nous nous trouvons ici dans le Brabant wallon où la langue flamande cesse d'être parlée, et où conséquemment ses mots sont corrompus et tronqués. De Dungheteberg a pu venir Dungleberg. Peut-être aussi que cet appellatif a pour premier radical l'adjectif duncel allem., qui signifie *sombre, obscur.* Duncelberg serait *le mont sombre,* parce que ce monticule aura été boisé. Il l'est encore dans sa partie nord-est.

HAMEAUX.

Aillebroux, *bord, extrémité des broussailles* (bois). Radicaux rom. aille, aele, alc, aisle (du mot latin *ala*), *bord* , et brouc, brousses, bruc, *broussailles, bruyères.* Voy. Roq. à ces deux mots.

DORMAEL.

Dormala, 1206, 1254 , Mɪʀ.

Grammaye traduit ce nom par *prædium siccum.* Nous ne pouvons reconnaître au mot mael la signification qu'il lui donne. Ce mot est allemand : *maal,* dans cette langue, signifie borne, limite. La chaussée romaine qui reliait Tirlemont à Sᵗ-Trond, passait dans ce village à l'extrémité sud. C'est elle qui y sépare le Brabant actuel d'avec le pays de Liége. Door (le deur de Kilian) est une préposition identique à *au delà, trans, ultrà.* Doormaal, c'est littéralement *ultrà metam, ultrà milliarium, au delà de la borne milliaire.* Où était donc placée cette borne au delà de laquelle se trouvait

Dormael? A Melkweser, village contigu, à l'ouest de Dormael. Donc en partant de Tirlemont vers St-Trond, on se trouvait, quand on avait dépassé le cippus de Melkweser, *au delà de la borne milliaire*, c'est-à-dire à Doormaal. Or le nom de Melkweser, altération de Myl-weiser signifie *borne milliaire*. Voy. cet article.

De ce qui précède, on voit que la voie romaine, dans cette partie du Brabant, a été poussée de l'ouest à l'est.

DROOGENBOSCH.

Droogenbosch, 1290, Mir; *Den Drogenbosch*, 1317; *Drogenbosche*, 1317; *Droegenbosche*, 1491; *Drooghem bosch*.

Sur la Senne. Le nom de Droogenbosch signifie *le bois sec*. Cet endroit est ainsi appelé par opposition à Linkebeek, village voisin, dont le nom est identique à *village des sources*. Voy. cet article.

HAMEAUX.

De Vaert, *la rivière*. C'est la Senne qui est ici désignée sous ce nom. St-Nicolas-Capel, *chapelle St-Nicolas*. Calvoet, *beau chemin, grand chemin*. Voy. à ce sujet l'art. Uccle.

DUISBURG.

Dusborg, 1190; *Duzenborch*, 1226; *Duzenborch*, 1259; *Dusburgh*, 1260; *Duysburgh*, 1156.

Ce nom signifie littéralement *forteresse des Allemands*, par extension *établissement germanique* (duitschenburg).

HAMEAUX.

Bas Deupbourg (Duisbourg). Veeweide, *pâturage*. Yzer. Ce nom signifie *fer*. Le sol en cet endroit contient du minerai de fer. Hertswegen signifie littéralement *chemin des cerfs*. Mais n'est-il pas évident que la voie romaine passant en cet endroit, le nom primitif a dû être Herwegen, *chemins de l'armée, chemin militaire, via militaris?*

Le plus vif intérêt, un intérêt tout national s'attache au nom de Duisbourg. C'est que l'on croit reconnaître dans cet appellatif le *Dispargum* ou *Dispargum castrum*, où se tenait Clodion et ses Franks avant sa grande expédition dans la forêt charbonnière. Des écrivains, il est vrai, placent ce dispargum à Duisbourg au delà du Rhin, mais c'est une erreur. En effet, il résulte clairement d'un passage de l'historien Grégoire de Tours, que la ville de Dispargum était en deçà du Rhin, sur la frontière des Tungri, pays de Tongres. De plus, Ammien Marcellin écrit que l'an 358, l'empereur Julien partit de Paris, où il avait passé l'hiver, pour marcher contre les Franks Saliens établis dans la Taxandrie. Il est donc constant que du temps de Pharamond et de son prédécesseur les Franks avaient passé le Rhin, et que Clodion avait élevé ses tentes à *Dispargi apud Tungros.*

Vredius, Wendelin, Wastelain et le père Boucher, dans son Belgium romanum, sont unanimes pour reconnaître dans Dispargum la ville de Diest. Wauters, Hist. des environs de Bruxelles, tome III, page 420, se prononce pour Duisbourg et réfute d'une manière victorieuse les arguments de ses adversaires.

Ce serait donc à Duisbourg que la fameuse loi salique aurait été élaborée par quatre sages ou seigneurs (Gasten) de la nation du temps de Pharamond. Cette loi fut revue plus tard sous le règne de Dagobert.

ELEWYT.

Elwyte, 1218; *Ellevite,* 1249, Cart. de Ninove; *Elwite,* 1265, 1284; *Elewyte,* 1312; *Eelwyt,* 1435; *Elewyck,* 1506; *Elewyt,* 1619, W. *Helewita,* 1255, Mir.

Cette petite commune paraît avoir joui d'une assez grande importance à l'époque romaine. « Les deux villages de Perck et d'Elewyt, dit Wauters, t. II, pag. 679, ont formé, pendant sept siècles, une seule seigneurie, dont l'origine se perd dans la nuit des temps et

qui doit, peut-être, son commencement à une villa romaine. A Elewyt une superficie d'environ cinq hectares présente en quantité des
fragments de tuiles à grands rebords, de pierres blanches, de pots
communs, de patères, d'amphores, de ferraille fortement oxidée et
d'urnes cinéraires. Deux voies romaines se traversaient en cet endroit. Or, ael-vite, ael-wyck signifie extremum ou ultimum quadrivium, *le dernier carrefour.* Voy. Kil. au mot *vite* qu'il donne comme
synonyme de *wyck* (quadrivium), et au mot ael, *extremum, ultimum.* Quaroubbe, près d'Escaupont, où se croisaient aussi deux
voies romaines, n'a pas d'autre étymologie, *Carubium* étant synonyme de *Quadrivium.* Voy. Ducange à ce mot.

HAMEAUX.

Château de Schiplaeken, *du petit lac aux nacelles.* Groote veld,
grande plaine. Kantoor, *le comptoir.* Langhuis, *la longue maison.*
De ouden wippendries, *le vieux pâtis aux feux follets.* Voy. Kil. aux
mots *wip, wyp.* Lange verenblock, *long hameau du ponton.* Nieuwe
land, *nouvelle terre, attérissement.* Ça indique une conquête faite sur
les eaux. Steen, *château.* C'est celui qu'habita Rubens, le roi de la
peinture, la gloire de l'école flamande.

ELINGEN.

Altare de Elinghem, 1187, Mir; *Eelinghen,* 1455, 1480.

Le nom de ce village situé dans une plaine et sur un ruisseau qui
se jette dans la Zuen, est synonyme de *village des prairies aux anguilles.* Il a pour radicaux *ael, eel,* anguille, et *ing, ingen,* prairies.
Voy. Kil. au premier radical. Il ne peut pas signifier prairies des
aulnes (alnus), parce que ce mot se dit en flamand else, elst, et non
pas ell. Ce dernier signifie une aune (mesure), ulna.

HAMEAUX.

Het hoff ten bosch, *la ferme dans le bois.* La ferme de Schoonbeek,
du beau ruisseau.

ENINES.

Aynines, 1560, T. B; *Aynes*, Mɪʀ.

Le centre de cette commune qui ne comptait que 22 maisons en 1826, est dans une prairie. Son nom est roman et signifie *prairie aquatique* ou *profonde*. Il a pour premier radical e, ai, aine, *eau*, et pour second la finale *ines*, romanisation de *ing*. Voy. les Prolégomènes. L'adverbe roman enins signifie *profondément*. Voy. Roq.

Si, pour apprécier l'à-propos de la plupart des étymologies que nous donnons, on voulait les appliquer à l'état actuel des lieux, on trouverait bien certainement à redire par ci par là. Dans plus d'un endroit, on chercherait en vain ce que nous avons dit avoir été des lacs, des marais, des jonchaies, des lieux aquatiques, des déserts. En voici la raison. C'est que tandis que les noms conservent leur signification primitive, tout change de face autour de nous, sous les bras de l'homme devenu plus agricole, plus soigneux et plus exigeant envers la nature qui le nourrit.

Hameau.

Mal-Campé, ainsi nommé, sans doute, parce qu'il est situé sur un collinet.

EPPEGHEM.

Ippinghohaim, 966; *Heppeghem* au XIIe siècle; *Eppenghem*, 1259, Mɪʀ; 1560, id; *Eppenchem*, 1245, 1293; *Eppeghem*, 1224, Mɪʀ; 1383, 1469, 1479, W.

Un seigneur du nom d'Ippingo ou Ippinga a attaché son nom à cet endroit, qui signifie demeure d'Ippinga, nom saxon. Les formes les plus récentes indiqueraient celle d'Egbert (Epje).

Hameaux.

Klein warande, *la petite garenne*. Garenna, warenna ou warenne était, à proprement parler, un parc où l'on conservait le gibier, tel que chèvres, chevreuils. Ce mot vient de l'allemand *wahren*, garder, défendre. Graafbosch, *bois du Comte*. Oude Dorent, *vieux chemin*, allusion à une voie romaine qui passait en cet endroit. Le *t* final du mot dorent est un abus. Voy. Kil. au mot *dore, deure*. Ossenweide, *pacage des bœufs*. Ferme de Neckerspoel, *du marais des Neckers*. Le Necker, souvenir de la mythologie germanique. Voy. les Prolégomènes.

ERPS-QUERBS.

Erps, 1125; *Erpse,* 1246, 1251, Mir; *Erpsse,* 1280, 1342, Mol; *Yrps,* 1429; *Quaderebbe, Quarebebbe,* vers 1060, W; *Quatrebbe,* 1110, Mir; *Quaderebbe,* 1201, 1339, Mir; *Coterebbe,* 1327; *Quaderubbe,* 1352, Ac. SS; *Quadeble,* 1340, W; *Erpsa,* 1352, Ac. SS.

Ces deux appellatifs doivent être examinés séparément. La commune d'Erps est limitée au sud et à l'est par le Wiesbeek ou Wesenbeek que bordent de grandes prairies auxquelles il emprunte son nom (Wiesenbeek). On peut supposer que les eaux de ce ruisseau auront couvert primitivement une grande partie d'Erps, et que s'étant insensiblement retirées, elles y auront laissé un attérissement qu'on dit en flamand werp, worp, *jactus, jet.*

Erpland, dit Miræus, est *terra accressens*. Le mot Erps (sous-entendez *hem* ou *land*) signifie donc *alluvion*. C'est aussi la synonymie que donne à cet appellatif M. Wauters.

Quant à Querbs (Kwerbs), c'est la syncope, mais une terrible syncope de kwaderebbe, identique à *mauvaise côte, mauvais coteau.*

HAMEAUX.

Edeghem, *hameau bas*, radical *e, ee, ede,* eau. Voy. Hoe. à ce mot. Negenhoeken, *les neuf angles*. Heuve pour Heuvel, *colline.* Dienstbrugge (Dissebrugge, Diedebrugge 1276, Dietbrugghe 1299), *pont de Diest.* Schoonaerde, *belle terre.* Wyngaerdberg, *la colline vignoble.* Den huyenhoek (uyen), *le hameau des ciboules.* Olmenhoek, *le hameau de l'ormoie.* 'T hof ter Bruggen, 'T hof ter Wyneghem sont les noms de deux châteaux.

ESEMAEL.

Ezemalia, 1075, 1089, 1126, Mɪʀ ; *Ezemaele, Eezemael, Wesemael.*

Le premier radical de cet appellatif est, à notre avis, west, *l'ouest.* Ce nom est donc identique à *limite de l'ouest.* Voy. à ce sujet l'art. *orsmal.* C'était en effet la limite du Brabant vers la province de Liége.

Haмeau.

Aerdevoor (voer), *pont de terre.*

ESSCHÈNE, *fl.* ESSCHENE.

Eschene, 1105 ; *Esqua,* 1119 ; *Eschen,* 1148, T. B ; *Esken,* 1259 ; *Eschines,* 1189, 1266 ; *Eskines,* 1293, 1307 ; *Eschen,* 1145 ; *Esschenen,* 1307.

Ce mot est flamand et veut dire un *frenoi* ou *bois de frênes, fraxinetum.*

Haмeaux.

Doment. Ce mot est altéré dans son orthographe. Il faut lire Domeind, *fin de la seigneurie.* C'était là probablement que finissait l'Ammanie de Bruxelles. Belle, c'est le nom du ruisseau qui coule en cet endroit. Overbelle, *hameau au delà de la Belle.* Ce ruisseau portait autrefois le nom d'Alphen, Alphena. Il donna son nom au village de Ter Alphene. Peut-être signifie-t-il *ruisseau des Alves, Alven-a.*

ETTERBEEK.

Iettrebeca, 1127, Mɪʀ ; *Etterbeke*, 1158, id ; *Yetterbeke* , 1376 ;
Jetterbeke, 1455 ; *Itterbeke*, 1491, W.

Le nom de cette commune emprunté au ruisseau qui y coule, signifie *ruisseau immonde, puant*. Il a pour premier radical *etter,
itter*, mot frank, selon Vredius. Voy. aussi Kil. à ce mot.

Hameau.

La Chasse. Ce hameau était resserré autrefois entre la forêt de
Melsdael et le Solbosch, ou bois du soleil.

EVERBERGH.

Everberc, 1160 ; *Eversberg* , 1186, Mɪʀ ; *Heversberge* , 1243, id ;
Eversberge , 1439 ; *Eversberghe* , 1455 , 1457 ; *Eversbergen* ,
1686, W.

En l'absence de tout document historique qui établit qu'un seigneur du nom d'Évrard aurait eu en cet endroit un prædium ou une
villa , l'opinion de Butkens et de Grammaye qui traduisent ce nom
par *Everardi mons*, montagne d'Évrard, paraît peu fondée. Eversberg, c'est la *montagne du sanglier*. Les armes de la commune étaient
un écusson aux trois fleurs de lis surmonté de la représentation
d'un sanglier. Ce village fut érigé en principauté en 1686.

Hameaux.

Zavel , *le sablon*. Le Centre, maison isolée. Vrebos (Vredebosch),
le bois du calme, de la paix.

EVERE.

Everne, 1186, 1256, 1388, 1402 ; *Evera*, 1209, Mɪʀ ; *Ever*, 1455 ;
Evere, 1486, 1491, 1542 ; *Evre*, 1748.

On voit dans Wauters que cette commune était, dans l'ancien

temps, traversée par un chemin qui se dirigeait de Bruxelles sur Elewyt. Il y porte encore le nom de Colnscheweg, *chemin de Cologne.*
C'était donc un embranchement de l'une des voies romaines qui
menaient à la métropole de la seconde Germanie, l'antique cité de
Cologne. Une autre voie secondaire reliait Heembeek à Evere et
Woluwe-St-Lambert. Elle était encore connue en 1481 sous le nom
de *Steenwech.* Or, cette voie traversait la Senne au moyen d'un pont,
et c'est cette circonstance qui a valu son nom à Evere qui signifie
passage de l'eau, de la rivière. Il a pour radicaux e, ee, *eau,* et veer,
vaer, *trajectus, locus ubi trajicitur fluvius,* dit Kil.

HAMEAUX.

Ferme de Picardie. Les maisons neuves. Denbruel, *le préau.* Mol-
dershof, *la ferme des meuniers.* La fontaine.

FOLX-LES-CAVES.

Fool, 1245, 1268 ; *Fol,* 1269, 1272 ; *Foul,* 1398, W ; *Foulx,* 1435 ;
Fugium, T. B.

Cette commune est située sur la petite Ghète qui prend sa source
à Ramillies, village contigu. C'était autrefois une dépendance de
Geest-Geronpont. Son nom est roman : Fau, Fol, Fool, Fou, *fage-
tus,* est *un bois de hêtres.* On le surnomme *les caves,* à cause d'*une
caverne,* dit Grammaye, *longue de mille pas, bâtie sur colonnes, et
voûtée, qui s'y voyait autrefois et dans laquelle coulait un ruisseau.*
Selon M. Wauters, ces immenses excavations proviennent de l'extraction de la marne (engrais connu et employé dans le vieux temps),
qui a été faite en cet endroit. A différentes époques, le peuple y
trouva un asyle et les prêtres y célébrèrent la messe pendant les
mauvais jours de la révolution française. Cette commune n'a point
de hameau.

FORÊT-LEZ-BRUXELLES.

897, 1117, 1186, Mir ; 1090, 1105, Gaz ; *Veurst, Vorst, Forêt,*
1145, 1161, Mir ; 1393, à Thymo.

Cet endroit est ainsi nommé parce qu'il formait autrefois un domaine appartenant au souverain, *Vorst.* Il était situé dans l'antique forêt de Soune. Une abbaye de Nonnains de l'ordre de S¹ Benoît y fut transférée d'auprès d'Alost, en l'an 1106. Elle avait été fondée par Gilbert, comte d'Alost.

HAMEAU.

Le Neoport ou Nyeuport, *la nouvelle ville.*

GAESBEEK.

Gasbeca, 897, MIR; *Gansbeca,* 1227, Cart. S¹ Bav; *Gasbeka,* 1325, MEI; *Gaesbeca,* 1356, id; *Gasebeke,* 1359, MIR; *Gazebeek castrum,* 1388, B. Y.

L'orthographe du Cartulaire de S¹ Bavon nous montre dans cet appellatif *le ruisseau des oies* (Gansbeek). Ce village fut incendié par les Flamands en 1356.

HAMEAUX.

Hesphout (Esphout), *bois de trembles.* Beerselken, *petit Beersel,* nom d'un village limitrophe.

GAMMERAGES, *fl.* GAELMAERDE.

Galmerage, 1100; *Galmaerden,* 1147, *Galmarde,* 1164, MIR.

Le nom de cette commune se dit en flamand Gaelmaerde qui signifie littéralement *terre d'écho, où il y a de l'écho,* ses radicaux étant galm, *écho,* et aerde, *terre;* et voici que le nom français signifie absolument la même chose, ce qui est digne d'être remarqué. En effet, gamme en roman est identique à *son,* et aige, age, à *terre.* L'*s* final dans Gammerages paraît superflu.

HAMEAUX.

S¹ Paul, *la place.* Rode, *défrichement.* Bochveld, *la plaine voisine du bois.* Welderhem. L'incertitude de l'orthographe primitive de ce nom permet de l'interpréter de deux manières. Welderhem, Welterhem, c'est *la demeure de Welter*, Wilderhem, c'est le hameau *du bois* ou *des sauvages.* Bruyensbroek, *marais de la bataille.* Voy. l'art. Strythem.

GANSHOREN.

Gansoren, 1112; *Ganshorna,* 1147, Mir; *Gansehorne,* 1521, *id.*

La lettre *h* s'est introduite abusivement dans ce nom. Oord, pluriel oorden signifie *endroit, lieu, place, pays, contrée.* Gans est une *oie* en flamand. Ganshoren, contraction de Gansoorden, signifie donc *l'endroit aux oies,* comme ganzenpoel est un *marais aux oies.* Ce qui confirme cette étymologie, et l'usage immémorial d'élever des oies dans cette commune, c'est que, en 1619, il fut défendu aux habitants de ce village de les laisser paître sur les pâturages communaux, en automne.

Hameaux.

Bovenscheutlaer, *pâturage supérieur des plançons.* Eihoven, nom de ferme. Kasteelveld, le *champ près du château.* Voy. l'art. Couture-St-Germain.

GEEST-GEROMPONT-PETIT-ROSIÈRE.

Geest, 1173, Mir; *Gaist-Gronpont,* 1560, id; *Geest à Geronpont; Geestum ad pontem Geronis,* 1570, Gram.

Ce village est sur la grande Ghète, ça été anciennement un municipe. Nous ne pouvons admettre la ridicule étymologie de Grammaye qui fait dériver le nom de cette localité de *spiritus sanctus.* Geest, sans doute, signifie esprit en flamand, mais ce mot n'est pas ici le premier radical du nom.

Il existe trois autres villages du nom de Geest, à savoir : St-Jean-Geest, St-Remi-Geest et Ste-Marie-Geest. Tous quatre sont situés

7

sur la Ghète (Geete). Or, geest n'est pas autre chose qu'une altération de gectes, de sorte qu'ils signifient *Gerompont sur Ghète*, *St-Jean sur Ghète*, etc. Toutefois il pourrait encore se faire que le mot Geest vint de *Guastum*, *Gastum*, désert, plaine inculte. Selon Hoeufft, geest est un sablon, un endroit qui ne produit rien. Quelle frappante analogie avec gast !

Gerompont veut dire *pont de Géron*. Petit Rosière (Rozieren) *petite bruyère*, *broussailles*, du latin rausea. Voy. Ac. SS. vol. 27, à l'index onomasticus.

HAMEAU.

Tumbois, *mont des tombes*.

GEET-BETZ.

Betche, 1304, Mɪʀ; *Villa de Beche*, 1318; *Getza*, 1148, T. B; *Betsche*, 1255, Mɪʀ.

Miræus a écrit qu'on appelait cet endroit St-Paul des Béthasiens, du nom d'un ancien peuple qui habita la Belgique. Geet indique que cet endroit se trouve sur la Ghète, et le mot Betz, Betje, est l'abréviation d'Elisabeth.

HAMEAU.

Nicuwdorp, *nouveau village*.

GELRODE.

Geelrode, *Ghielrode*, 1560, Mɪʀ; *Flavum rodium*, Gʀᴀᴍ.

Sur le Demer. Cet appellatif a pour premier radical l'adjectif geel, qui, selon Hoeufft, signifie *fertile*, et pour second radical rode, *essart*. Grammaye et autres qui ont traduit ce nom par *essart jaune* ne paraissent pas avoir compris la signification du premier radical.

HAMEAUX.

Everveld, *plaine des sangliers*. Rivieren, *endroit entre les rivières*. C'est une terre située entre le Demer et un gros ruisseau qui venant de Rotselaer se jette à Gelrode dans le Demer. Nieuwland, *nouvelle terre*, ce qui indique un attérissement sur le Demer. Clousebosch, *bois de l'Ermite*. Eykelberg, *mont des glands*, c'est-à-dire où l'on menait à la glandée.

GENAPPE.

Villa Genapia, 1096, Mir F; *Genepia*, 1096, Ac. SS; *Genapium Castrum*, 1156, Mir; *Geneppia*, 1245, id; *Genap*.

Cette commune se trouve située sur les bords du Fonteny, une des sources de la Dyle, et sur la Dyle même qui prend sa source principale près de là, à Houtain-le-Val. Le *vieux Genappe* a dû se trouver dans l'ancien temps au bord d'un grand marais. Ce sont aujourd'hui des prairies. Gen-naep, Guen-naep signifie *ruissseau des marais*. Il a pour radicaux le mot celtique *guen*, marais et *nap*, *alveus*, *alveolus*. Voy. Kil. à ce mot. C'est encore un nom résultant de la situation locale. Il y avait autrefois en cet endroit une cour suprême de justice qui portait le nom de *Chambre de Lothier*, *Summa Curia Lotharingiæ*.

Quant à la qualification de Castrum que lui donne Miræus, il faut se rappeler que les écrivains du moyen âge employaient ce mot pour *urbs, oppidum*. Meyer ne pense pas que le nom de Genapia ait été autrefois Menapia comme quelques-uns le prétendent. Nous partageons son opinion.

Il y avait autrefois un magnifique Castel. C'est au château de Genappe que le Dauphin de France, qui plus tard monta sur le trône sous le nom de Louis XI, demeura une année, grâce à la généreuse hospitalité du duc de Bourgogne, Philippe-le-Bon.

HAMEAUX.

Château de Pallandt. St-Joseph.

GENTINNES.

Gennetines, 1187, 1512, Mɪʀ; *Ghentine in St Tyry*, 1560, id.

Cet endroit est situé sur un petit ruisseau du nom de Gentinne, qui veut dire littéralement *fosse aux oisons*. En effet il a pour premier radical le mot roman gente, *oie, oison*, et pour second, tine, tinne, tinel, en roman, *tonneau*, tout simplement, mais dont le mot latin tina, tinia est synonyme de *locus depressus, fossa, vallis*. Soit que le ruisselet ait donné son nom au village, soit que celui-ci tienne le sien du ruisseau, le nom Gente-tinne, Gentinne, Genthines signifie *fosse* ou *vallée aux oies*. Voy. Roq. aux mots *gente* et *tine*, Duc. au mot *tina*, *tinia*. La situation de Gentinnes se prête à cette interprétation de son nom.

Hameau.

Heuval, *colline, coteau*. C'est la situation de ce hameau. Il est assez remarquable de rencontrer ce mot flamand dans le Brabant français ; car heuval est évidemment une altération de heuvel.

GENVAL.

Genival, 1581, T. B ; *Yenneval, vallis Juniperi*, Gʀᴀᴍ.

Cette commune est dans un vallon arrosé par la Lasnes qui y coule du sud au nord. Son nom est identique à *vallon des marais*. Voy. pour les radicaux l'art. *Genappe*.

Hameaux.

Bruyère à la croix. Maubroux, *mauvaises broussailles*. Voy. Roq. aux radicaux.

GLABAIS.

Glabbiacum, 1560 ; *Glabiolum*, Gʀᴀᴍ.

Glabais est situé dans le Brabant français. Son nom est roman.

Il est littéralement synonyme de *marais aux Iris*. Radicaux : *glai* et *bais*. Voy. Roq. *Glai, glaie, glau, glayeul*, c'est une sorte de fleur qui était fort estimée chez nos aïeux, dit Roquefort. Ils la plaçaient dans toutes leurs descriptions de lieux qu'ils voulaient rendre agréables. Nos romanciers et nos chansonniers n'auraient pas écrit sur le printemps sans parler des *flors de glay*. S'ils aimaient tant cette fleur, il ne faut pas s'étonner de les voir donner son nom à un endroit où, d'ailleurs, tout le fait présumer, la plante croissait en abondance. Cette commune avait seulement 26 maisons en 1526. Elle n'a qu'un hameau : *Flamande*.

GLABBEEK-SUERHEMPDE.

1560, Mir.

On ne peut procéder à l'étymologie de ce nom que par hypothèse, car le radical *glab* n'existe point dans la langue flamande. Rappelons la position de ce village. Il est situé sur la Velpe et sur un ruisselet qui s'y jette. Cette rivière coulant dans un lit argilleux, roule des eaux troubles et limonneuses. Il en est tout autrement du ruisseau. Or, klab peut être une altération de klar, *clair*, *limpide*. Dans ce cas, l'*r* final de ce mot se sera d'abord absorbé dans la prononciation devant le *b* du radical suivant. On aura commencé par dire Kla-beek, puis Klabbeek et Glabeek.

Quant à Suerhempde, c'est aussi une altération de Suerbeemde, qui signifie *pré amer*, *amarum pratum*, comme dit Grammaye.

Cet endroit ne comptait que 25 maisons en 1526. Ce qui ne doit point étonner, car de mauvaises prairies n'engagent pas l'homme à s'y fixer.

Hameaux.

Kaelstract, littéralement *hameau chauve*, c'est-à-dire *pauvre*. Steenberg, *montagne de pierres*. Rhode, *défrichement*. En somme, tout indique dans ce village un sol aride et avare.

GLIMES.

Glimenes, 1172, Mir; *Glyme*, 1290, id; *Glimes*, 1350, 1372, id.

On a vu que la plupart des dénominations locales ne sont souvent que des oppositions entre elles. En voici un nouvel exemple. Glimes est situé au sommet d'une pente. Les villages qui l'avoisinent, tels que Thorembais-les-Béguines et Thorembais-St-Trond, se trouvent dans un bas-fond, au pied de cette pente. Or, de même que l'on monte et descend une montagne, de même Glimes peut tout aussi bien signifier la *montée* que *la pente*. En effet, si des villages de Thorembais on va vers Glimes, on monte, on grimpe. Dans ce cas, c'est la *montée* que signifie Glimes, mot qui se dit en flamand *klimmen*. Si, au contraire, on s'achemine de Glimes vers les deux Thorembais, on descend *la pente*. Or, chlima en grec, climax en latin, d'où provient le mot roman cliner, signifie la *pente*.

C'est également à une pente que Climmen dans le Limbourg hollandais doit son nom. Il en est de même de la forteresse de Clim dans la Dalmatie.

De ces deux étymologies également satisfaisantes, quelle est la préférable? Évidemment c'est la dernière, parce que Glimes se trouvant dans le Brabant français, il n'est pas probable qu'on lui ait donné un nom teutonique. Le nom de Chlima (Glimes) n'a pu sortir que de la bouche des Romains. Cet endroit était connu au VIIIe siècle.

Hameaux.

Thorémbisoul, *petit Thorembais*. Voy. cet art. Pavé. On voit dans ce dernier hameau une tombe dite *le fort* ou *la tour*, construite par les Romains. C'est cette tour qui donne à Thorembais son nom.

GOSSONCOURT, *fl.* GOIDSENHOVEN.

Gocencourt, 1213, B. Y; *Gotcencourt* et *Gotchencourt*, 1254, id, cod. dipl; *Goïtsenhoven*, 1302, Mei; *Gotsenhoven*, 1415, Mir.

Ce nom en français aussi bien qu'en flamand signifie *ferme de Gossuin*.

Ast, *cimetière*. De meer, *le lac*. De meerenpoel, *la fondrière du lac*.

GOYCK.

Gaugiacum, 877, Dipl. de Charles-le-Chauve ; *Villa gaugiaca*, 897, Dipl. de Suentebold dans Mir ; *Goiaca*, 1059, Mir ; *Goiaca* et *Goiaka*, 1136, id ; *Goyaca*, 1181, Mei ; *Goike*, 1184, Mir ; *Goyck*, 1396, But ; *Goieke*, 1414, Mir ; *Goy*, 1112, 1255, 1259, W ; *Goyeke*, 1435, id.

Le mot Goyck n'est pas autre chose qu'une altération du mot Koye de Kilian, signifiant *cors*, *stabulum*, basse-cour, métairie. Il a une incontestable affinité avec le mot bas-latin Ochia, Hochia, passé dans la langue romane sous la forme de *Osche*, *Ousche*, avec la signification de jardin, enclos. Le mot Housche est encore français, mais il ne signifie plus que petit jardin tenant à la maison d'un paysan. Goyck n'était donc dans l'origine qu'une ferme ou métairie, une *villa*, un *prædium*.

Ce village que traversait la voie romaine paraît fort ancien.

De hoeve, *la ferme*. Woestyne (Wastine rom.), *désert*, *endroit inculte*. Oploombeck, *haut Loombeek*, nom d'un village voisin. Les trois Égyptes. Bergenbroek, *le marais du monticule*. Terloo, *le bois*. Roesbeck, Roestbeek, *ruisseau ferrugineux*. Stuivenberg, *le mont des sous*, ainsi nommé parce qu'on y a trouvé beaucoup de monnaies romaines.

GRAESEN.

1302, 1421, Mir ; 1560, id.

Ce village ne paraît pas très-ancien. Sa population n'est que de

trois cents ames. Son nom signifie *gras pâturage*. Rigoureusement
le mot graes ne s'emploie qu'au singulier, mais on sait que le langage du peuple a aussi ses licences. Il n'est pas non plus impossible
que l'on ait dit *graeshem*, village *du gras pâturage*.

On remarque que cette commune est située sur la grande Ghète
et sur un gros ruisseau qui va se jeter dans cette rivière fort loin en
aval de Graesen. Ces deux rivières, par leur fécond débordement,
ont été vraisemblablement la cause de cette dénomination. Cette
commune n'a point de hameau.

GRAND-BIGARD, *fl.* GROOT-BYGARD.

Bigardæ, 1110, MIR; 1126, MOL; *Bigarden*, 1129, MIR; 1130, Cart.
St Bav; *Bigardæ*, 1133, MIR; *Bigardia major*, 1133, id;
Bygarden, 1181; *Beygarden*, 1435, T. B; *Grooten Bygaerden*,
1686; *Bigardæ*, 1184, MIR; *Opbygardæ*, 1259, id.

Big-aerde, mot flamand francisé dans celui de Bigard, ne signifie pas, comme le dit Grammaye, *locus horto vicinus*, mais une
terre, un *enclos*, où l'on élève les *pourceaux*. Bigghe, mot sax-fris.,
signifie *porcellus*.

Bie-gaerden peut signifier aussi un *apiarium*, c'est-à-dire un endroit où l'on élève des abeilles; et il est assez remarquable que le
sigillum des seigneurs de cet endroit que donne M. Wauters, t. I,
pag. 354, de son Hist. de Bruxelles et de ses environs, représente
deux hommes soutenant un écu. On croit y voir deux ouvriers tenant une ruche renversée, autour de laquelle voltige un essaim d'a-
beilles qu'ils semblent disposés à recueillir.

Ce n'était qu'un désert, c'est-à-dire un endroit non encore livré à
l'agriculture, quand Godefroid-le-Barbu y fonda une abbaye de
l'ordre de St Benoît, en 1133, à la prière de Ste Wivine.

HAMEAU.

Château de Zeekrabbe.

GRANDE-ROSIÈRE-OTTOMONT.

Grande Rosière, Hatonneon, 1560, Mir.

Voyez l'art. Geest-Gerompont pour l'étymologie de Grande-Rosière. Othomont ou Othonmont ne peut signifier que *mont d'Othon.* Il n'est pas probable qu'il s'agisse ici de l'empereur romain Othon qui vivait en l'an 70. Sur la voie romaine qui passait au nord du village, on voit un endroit dit la *tombe d'Hottomont.* Cette commune n'a qu'un hameau appelé Chenois, *la chenaie.*

GREZ-DOICEAU, *fl.* GRAEVEN.

Greis, 1096, Mir ; *Aysau,* 1192, id ; *Ayseaux,* T. B ; *Greis,* 1214, Mir ; *Graven,* 1372, id ; *Greizium,* Gram ; *Duwechial,* 1435.

C'était, dit Grammaye, un municipe autrefois important. Il a dû bien déchoir de sa grandeur, puisqu'en 1435 Grez-Duwechial ne comptait plus que quatorze foyers.

Graeven est le pluriel du mot flamand graef, identique à *fosse, tombeau.* La principale industrie de cette localité consistant encore dans la chaufournerie et l'extraction des grès, il est assez probable que le mot graeven a ici la signification de *carrières, fosses à grès.*

Quant à Doiceau, remarquons que ce hameau est situé sur le Pisseleur et la Dyle, donc sur l'eau. Or, Dois-eau signifie littéralement *tectum ad aquam, siège sur l'eau* ou *près de l'eau.* Ayseaux, que donne le baron Le Roi dans sa Topographie du Brabant, a la même signification que Dois-eau, aice (aizis, aizum en bas-latin) signifiant *territoire, contrée, grange, métairie, ferme.* Voy. Roq. à ce mot.

Doiceau signifie donc *le hameau près de l'eau.* Voy. au surplus nos Études étymologiques sur le Hainaut, page 89.

Il nous reste à expliquer Duwechiel, qui s'est dit pour Dois-eau. Or, Doe, Douve signifie *canal, rivière,* et chiel (cella) est une *demeure,* par extension *hameau.* Duwechiel, c'est encore *le hameau près de l'eau.* Voy. Roq. aux mots *dois, doe* et *aice.*

HAMEAUX.

Gastuche, mot corrompu pour Gasthuis, *hospice, hôpital*. Bayar-
mont. Fontenalle, *petite fontaine*. Heze, c'est le même mot que *aice,
haise*. Contigu à une habitation, il avait autrefois la signification de
ferme, métairie; isolément pris il ne signifie que *plaine, culture*.
Morsaint est le nom d'une seigneurie. Laurentsart. La motte, *le
château*. Royenne, *petit chemin*, des mots romans roie, roye, royère,
ligne, raie, sillon.

GRIMBERGEN.

Grimbergen, 804, Mir ; *Grendberga*, 1010, 1030, Hist. St Bav ;
Grimbergh, 1128, 1152, Mir ; *Grimbergen*, 1140, Mei ; *Grem-
berga*, 1183, Gram ; *Grimberghe, Grimberge*, 1213 ; *Grimberch*,
B. Y.

Cette commune est située à une demi-lieue de Vilvorde et à deux
lieues de Bruxelles. C'était autrefois le domaine de la famille des
Berthout. Il y avait un beau château-fort qu'elle avait fait bâtir pour
arrêter les courses de ses ennemis et delà les Berthout allaient eux-
mêmes piller Vilvorde et les environs. Ces chasses étaient permises
au moyen âge. Il arriva cependant qu'en 1159 les Brabançons ayant
surpris leurs gens, les taillèrent en pièces, prirent le château et le
ruinèrent après avoir passé au fil de l'épée ses défenseurs. Les Berthout firent reconstruire leur château, mais ils furent enfin vaincus
et soumis par Godefroid III, duc de Brabant, en 1163.

L'abbaye de Grimberge avait été fondée, en 1110, par Gauthier
de Berthout, seigneur de Malines et de Grimbergen.

Cette commune est située sur la Senne. Son nom signifie *mont
inculte, sauvage*. Grammaye émet une opinion diamétralement op-
posée : « Huic loco verum nomen fecit fœcunditas soli ; quod enim
modò Grimbergam dicimus, olim Geinbergam, id est granorum
sive segetis montem dicebant. »

Disons toutefois que grim signifie encore *cruel, terrible*. Ce nom peut être aussi un souvenir du culte druidique. Cet endroit se trouvait du reste dans la forêt de Sonne.

HAMEAUX.

Borght (Burg), *le château-fort*. Ooyenbrug (Oye-Brugga, 1143, Div.), *le pont des brebis*. Bergh, *le mont*. Pont-Brûlé. Biesthoek (Beesthoek), *coin* ou *hameau des bêtes*. C'est ainsi qu'est désigné un endroit où l'on mène paître les troupeaux. Groenveld, *verte plaine*. Langestraet, *rue longue*. Ter tommen, *à la tombe*. C'est un tumulus romain qui, dans le langage populaire, porte le nom de Berg van Seneca, *mont de Seneca*.

HAECHT *ou* HAEGHT.

Haacht, 1254, Mir; Hacht, 1243, id.

Cette commune est située sur la Dyle. Son nom est synonyme de *bois*. Il provient de l'allem. *Hag*. Ainsi qu'on va le voir, tout indique que c'était anciennement un endroit boisé et désert.

HAMEAUX.

St Adrien. Scharent (Scharen), *les bruyères*, du vieux mot scara. Voy. l'art. Schaerbeek. Hoogberg, *haut mont*. Schoonenberg, *beau mont*. Houdheide, *bruyère du bois*. Pellehcide, *bruyère rasée*. Hansbrug, *pont de Jean*. Heyken, *les bruyères*. Wildeheide, *bruyère sauvage*. Smistraet et Brabantstraet ont une valeur connue.

HAEKENDOVER.

Hachendovia, 1159, Cart. T; Hacendovère, id; Hakendovere, 1250, Mir; Haekendoevel, Haechendoevel, 1443, id.

Située sur un ruisselet qui se jette dans la petite Ghète, le nom de cette commune est synonyme de *passage d'eau*. Il a pour premier radical aek, aeken, *eau*, et pour second vaer, veer, *passage, trajec-tus*. Voy. Kil. à ces mots. On voit que les lettres *h* et *d* se sont intro-duites abusivement dans cet appellatif.

HAMEAUX.

Wulmersom (Wilmerschem, Vultmerhem, 1086, Mir.), *demeure de Wulmer*. Bosschellen, nom d'une ferme.

HAL, *fl.* HALLEN.

Halen, 746, Mir ; *Halla*, 1174, Cart. St Bav ; *Hallœ*, 1193, Mei ; *Hal, Haut*, Gaz ; *Hauls*, d'Oudegherst.

Cette petite ville de haute antiquité est située sur la Sennette. Son nom signifie proprement *demeure, marché*. Le mot allemand halle est aussi identique à *porche, portique, hangar*, , et le mot saxon healle, à *aula* et *palatium*.

Si l'on pèse bien l'acception primitive de ce mot, on est porté à croire que les établissements qu'il désigne, tels qu'une halle ou marché, remontent vers le temps de l'occupation de la Belgique par les Romains ou à une époque peu postérieure à ces temps-là.

Nos ancêtres ont donné le nom de halles à ces grands édifices pu-blics où les citoyens s'assemblaient pour délibérer sur les affaires de la Commune, et où l'on exposait aussi les marchandises pour être vendues. Rigord rapporte que le roi de France, Philippe-Auguste, fit construire deux grandes maisons qu'on appelle vulgairement *halles*, dit-il, pour faciliter aux marchands la vente pendant la pluie et les mettre à l'abri des voleurs pendant la nuit.

Hallen, dit Goropius Becanus, Herm., lib. 9, est la même chose que *conserver*, et comme les grands édifices conservent à la fois beaucoup d'hommes et de choses, on leur a donné le nom de *halle*.

Les Arabes appellent une habitation *magal*, et Virgile nous ap-prend que les Africains donnaient aux villes le nom de magalia, *grandes halles* :

Miratur molem Æneas, magalia quondàm !

Le mot hal entre dans celui de *Vaux-hall, salle de réunion, de danse,* et dans *kurshalle* (prononcez kourshal), *salle d'amusement.* C'est le nom d'un édifice public élevé sur la digue à Ostende.

HAMEAUX.

Brecdhout, *large bois.* Eelbeek, *ruisseau aux anguilles.* Rodenen, *rouge hameau* ou *hameau des essarts.* Scheyssingen, *prairies des carrières* (de grès ou de pierres). Esschenbeek ou Essenbeek, *ruisseau du chenoi.* Keldergat, *le passage de la cavée.* Halderbosch, *vieux bois* (ald), ou Hallerbosch, *bois de Halle.*

HALLE-BOYENHOVEN.

Halen, 746, Mir; *Boyenhoven*, 1256, id; *Halle* 1560, id.

Nous venons de voir dans l'article précédent que ce nom signifie *marché, magasin.* Or, comme la voie romaine qui allait à St-Trond, traversait le centre de cette commune, passant entre le Hilderenberg et le château de Dormal, près d'une ferme nommée *la tourelle* (het torreken), il est assez vraisemblable que le mot halle n'est ici que la traduction de *horrea* ou *cellæ*, grenier d'abondance, magasin de fournisseur, marché.

Quant à Boyenhoven, le premier radical *boi* n'existant pas dans la langue en tant que pouvant s'appliquer à une ferme, nous estimons que cet appellatif est une altération de Koyen ou Ooyenhoven, *ferme à moutons.*

HAMEAUX.

Het venne (land), *l'endroit à la tourbe, à la terre tourbeuse.* Dungel, altéré, selon nous, pour Dun quell, mot allemand qui signifie *petit marécage.* L'endroit qui porte ce nom consiste aujourd'hui en prairies arrosées à l'ouest par un petit ruisseau. Il a donc pu y exister autrefois un marais. Hilderenberg, *mont des secours.* N'était-ce pas un *præsidium?* Maezerode, *défrichement des érables.* Bovenhal-mal , *sur Halmal.* C'est le nom d'un hameau de St-Trond con-tigu à Halle-Boyenhoven et dont le nom Halmal signifie *borne de Halle.*

HAMME.

Ham, 640, Ac. SS ; *Hame*, 712, id ; 980, Mir F ; 1033, Mir ; 1161, W ; *Hamme*, 1435.

Ce nom signifie *pré, pacage*, en latin *pascuum.* Voy. Kil. à ce mot. Ce village n'a qu'un hameau : De heide, *la bruyère.* Ste Gudile ou Gudule y mourut vers 730.

HAMME-MILLE.

Milimain, 956, Mei ; *Milleghem*, 1233, Mir ; *Ham-Mellin*, Gram.

Hamme n'était primitivement qu'un *grand pacage*, arrosé par un ruisseau, qui porte encore aujourd'hui le nom de ruisseau de la grande prairie. Quant au mot Mille, il est identique *à la lieue, la borne.* C'est le mot *myl*, flamand altéré. Milleghem ou mieux Myl-ghem signifie en flamand *le village de la borne.* Il y avait donc en ce village, que traversait la voie romaine, un cippus lapideus, une borne milliaire. Voy. nos Études étymologiques sur le Hainaut au mot Quartes et l'art. Melckweser. Cette commune n'a point de hameau.

HAREN.

Haren, 1138, Mir; *Vicus Hare*, 1208, id; *Haeren, Haren*, 1224, id; 1230, 1241, 1322, W.

On entend par le mot haer, haren, un lieu plus élevé que ceux dont il est environné, sans cependant être une montagne, ni un mon-ticule, c'est un *plateau.* Or, c'est la situation de cet endroit. Voy. Hoe. à ce mot. Cette commune n'a point de hameau.

HAUTE-CROIX, *fl.* HEYKRUIS.

Hautcrois, 1234, Mɪʀ.

Nous avons dit que le mot croix se prenait quelquefois pour une borne. Dans cet appellatif, il paraît avoir conservé sa signification primitive. Il est assez remarquable que le nom flamand n'est pas la traduction fidèle de Hautecroix. Il signifie *croix de la bruyère*. Ce sont là de ces mal-entendus qui naissent sur les confins de deux provinces où l'on parle un langage différent.

Hameaux.

Château-Risoir. Terlinden, *aux tilleuls.*

HAUTEM-Sᵗᵉ-MARGUERITE , *fl.* Sᵗ-GRIET-HOUTEM.

Holthem, 974, Mᴇɪ ; *Hautem*, 1281, Mɪʀ.

On a vu que le mot Hautem n'est qu'une légère altération de Houtem, et que ce dernier est identique à *demeure du bois*. Le nom de cette commune signifie littéralement *demeure dans le bois*. Sᵗᵉ Marguerite est la patrone du lieu.

Cette commune est sans section.

HAUT-ITTRE.

Iturna, 897, Mɪʀ ; *Turna* et *Iturna*, 1059, 1136, id ; *Itria*, Bᴜᴛ.

Cette commune est située sur un affluent de la Sennette, et comme elle est plus rapprochée de sa source que Ittre qui est sur le même ruisseau, elle a pris de cette circonstance le nom de Haut-Ittre.

On croit généralement que ce village doit son nom à Sᵗᵉ Itte, femme de Pepin de Landen, qui y fit sa demeure. Son église avait été construite vers 642 par Sigibert, roi d'Austrasie. Les anciens géographes nomment cet endroit Atrium, *cour, palais.* D'autres font venir son nom de *via trita*, voie romaine. Pour nous, nous n'y voyons que Itte-Erf, Itte-Ere, *héritage (prœdium)* ou *cour d'Ittre*.

HAMEAUX.

La Houssière, *houssaye*, endroit plein de houx, de broussailles. Le Pré. Doyens. Le broux, *marais*. Les brûlots, endroit où le sol est sec et aride.

HAUWAERT.

1427, 1502, 1560, Mir.

Cette commune située sur deux ruisseaux, le Breedebeek et la Molebeek, comptait 75 maisons en 1526. Son nom est corrompu dans son orthographe; il faut lire Oud waerd, *vieux waerd*. On appelait de ce nom une terre primitivement couverte d'eau, desséchée ensuite et entourée de digues. Voy. au surplus les art. Weerde et Weert-Sᵗ-Georges.

HAMEAUX.

De bergen, *les monts*. Breedebeek, *large ruisseau*. Hazelberg, *mont aux coudriers*. Hautwaertscheberg, *mont d'Hauwaert*. Château de Kleerbeek. Roeselberg, *mont rougeâtre*. Cet endroit était connu en 1243 sous le nom de Rustenberg. Neering, *basse prairie*.

HEELENBOSCH.

1560, Mir.

Ce nom est synonyme de *Bois froid*. Le village est sans hameau.

HEKELGHEM.

Hecelingim, 1105; *Eclegem*, 1119; *Heclengem*, 1148, W.

Hekelghem est pour Eykelo-ghem, *demeure dans le bois de chênes*, *dans la Chenaie.* La lettre *h* est encore ici parasite comme dans Hauwaert.

HAMEAUX.

Lange stract, *long hameau.* Blereghem, Blaere en vieux flamand signifie *vache noire.* Blakerse ou Blakersle, nom de ferme. Molen, Nieuwmolen, Ten bosch et Bouckhout sont des dénominations connues.

Afflighem (Affelghem, 1083, B. Y ; 1533, Mei ; 1086, Mir ; 1112, id ; Afflengien, 1096, Ac. SS). Miræus, dans ses Fastes à l'an 1096, nomme cet endroit Afflinghem, comme qui dirait demeure d'Affling ou Afflinga. M. Wauters a écrit que la véritable étymologie du nom d'Hafflingem, Hafflingem ou Afflighem est empruntée au culte Odinique. Hafli était le nom des géants Jotnar ou Jettes qui descendaient d'Ymir, le chaos des Scandinaves.

En l'année 1086, il fut fondé dans ce hameau une abbaye de l'ordre des Bénédictins. Son origine est assez remarquable pour être rapportée ici.

Vers ce temps là la Flandre avait eu beaucoup à souffrir des guerres continuelles que soutenait Robert-le-Frison contre son neveu Bauduin de Hainaut. Ce n'était partout que pilleries, brigandages et dévastations. Six soldats des plus débauchés qui avaient toujours vécu dans les délices et la volupté, cédant aux pieuses exhortations de Goderic, religieux de St-Pierre à Gand, allèrent jusqu'à Cologne se faire absoudre de tous leurs crimes par l'archevêque de ce lieu, et, de retour au pays, firent bâtir une petite maison de dévotion dans cet endroit écarté et solitaire. L'histoire a consacré leurs noms. C'étaient Gérard surnommé le Noir, Tielbald, Harger, Ubald, Gedulf et Himelyn.

Godefroid III, duc de Brabant augmenta la première fondation vers l'an 1112. Voy. Gazet, Hist. ecclés. du Pays-Bas, page 336.

Cette abbaye fut incendiée par les Flamands en 1333. Selon une ancienne tradition, le lieu où elle fut établie se nommait primitivement Breedeeyke, le *grand chêne.*

8

HERENT.

1277 , MIR.

Cet endroit est sur la Dyle. Il faut lire Hereind qui signifie *fin de la seigneurie*. Là était la limite du comté de Louvain et de Bruxelles, et celle des diocèses de Liége et de Cambrai.

HAMEAUX.

Château de Bethléem. Cologne. Doorn , *Epinette*. Wyksmael ou Wygmael, c'est-à-dire *borne*, *limite de la seigneurie*, Wyk signifiant *regio*, *districtus*. Kelfs, la valeur de ce nom nous est inconnue. L'endroit qui le porte est un enclavement entre Thieldonck et Rotselaer.

HERFFELINGEN.

On ne trouve nulle part des modifications de ce nom. Nous le supposons pour Hervellenghem , qui veut dire *village du combat*. Il a pour radicaux her , heyr ou heer , *armée*, vellen, *se battre*, et ghem , *demeure*. Voy. au surplus l'art. Strythem , village voisin.

HAMEAUX.

Beekmeerschen , *prairies du ruisseau*. Petit Bruxelles. Steenkuip, *fosse de la roche*. Tilleul au bois. Druimieren; l'endroit qui porte ce nom est un plateau. Sa valeur est inconnue.

HERINNES, *fl.* HERNE.

Hirinium, *Hiriniolum*, 844 , MIR; 1050 ; *Herne*, 1147, id ; 1229, id ; *Herna*, 1452, MEI ; *Herenium Sta-Mariæ* , 1190 , MIR ; *Harines*, 1228 , id.

Etymologie des plus difficiles. Disons d'abord que dans tous ces noms la lettre *h* nous paraît parasite. Qu'on veuille bien se rappeler ensuite que ce village se trouvait sur la voie consulaire qui venait de Bavai dans le Brabant et qu'il entrait dans les mœurs des Romains d'avoir des amphithéâtres et des *arènes*, même en temps d'expédition. Car ces arènes étaient pour eux. moins un lieu d'amusement que de culte. En effet Salvien nous apprend (lib. 6, de Gubern. Dei) que chez eux Minerve était honorée dans les Gymnases, Vénus dans les Théâtres, Neptune dans les Cirques, et le dieu Mars dans les Arènes.

Les *arenæ*, *arenales* étaient ainsi nommés *ab arenis* in quibus pugnabant gladiatores.

Ainsi le dieu Mars, le dieu des soldats, était particulièrement honoré dans les *Arènes*.

Or, *Arenæ*, *arenales*, Arènes ou Araynes en roman (et qui sait si parmi tant de mots perdus de la langue des Romains ne se trouve point Arenium, Areniolum, *petite arène?*), tel est, selon nous, le nom latin primitif, d'où sont provenus par altération Irinium, Iriniolum et le mot flamand Erne. Quant à ce dernier, nous ferons remarquer que du temps de Kilian, neere signifiait encore en teuton *platea*. Heri-neere serait encore l'arène de l'armée, de même que l'on trouve, dans Merula, herizogan pour hertogen, *généraux*. Herinnes, Harines, Herne, est donc une *arène*.

HAMEAUX.

Oycvaersnest, *gîte des cigognes*. Couvent des Chartreux. Ten broek, *le marais*. Nattendries, *humide pâture communale*. Rankhoeve, *petite ferme*. Rankdries, *maigre pâture communale*. Leenstraet, *hameau du fief*. Kwatem, *mauvais hameau*. Helling, *la pente*.

HEVER.

Hevere, 1333, MIR; 1560, id.

Sur la Dyle. La lettre *h* comme dans Herinnes, Heverlé et Hevillers est encore parasite dans ce mot. La prononciation généralement aspirante des Flamands est la cause de ces irrégularités, qui se rencontrent en foule dans les noms de lieu de cette province.

E-ver, Eveere, Evaere ne signifie pas autre chose que *passage d'eau, ponton*. Voy. l'art. Evere.

HAMEAUX.

Ham, *le pâturage*. Heihock, *coin de la bruyère*. Heiken, *petite bruyère*. Entre canal et chaussée. Gottendys, lisez Gootendyks et sous-entendez hem, *hameau de la digue, de la rivière*. Trianon, nom de fantaisie emprunté à un château impérial de France.

HEVERLÉ. *fl.* HEVEREN.

Heverle (sans accent), 1129, 1140, Mir; *Haverles*, 1168, Cart. D. B; *Heverlé*, 1174, 1523, Mir; *Heyverleer*, 1600, Deraisse; *Heverleys*, *Heverlea*, *Heverlœ*.

De Vaddere dans ses antiquités du duché de Brabant prétend que cet endroit était connu du temps de St Hubert à qui il appartenait, et dont il consacra l'église.

Ce fut plus tard une seigneurie qui comprenait Beerthem, Eegenhoven, Haut-Heverlé et autres terres jusqu'aux portes de la ville de Louvain. Elle fut érigée en baronnie en 1533. Cet endroit est situé sur la Dyle et le ruisseau le Voer.

Everle, everloo, car nous considérons la lettre *h* comme parasite, ainsi que dans hauwaert et hevillers, signifie *bois des sangliers*. Voy. Hoc. au mot *le, loo*, et Kil. à *ever*.

HAMEAUX.

Vieille porte de Louvain. Eegenhoven, *curia Egenonis*. C'est *le court, la ferme, le prœdium d'Egenon*. Le parc. L'eau douce.

HEVILLERS.

Il y a lieu de croire que la lettre *h* est encore ici une lettre parasite. Efvillers, Evillers ou Aivillers signifie en roman *une villette* ou *petit village dans l'eau, où il y a de l'eau*. Or, le centre de cette commune se trouve dans une petite vallée arrosée par les ruisseaux de Villeroux et de Gentines. Quant au mot Villers, il vient du latin *villare, villula, viculus,* hameau. Il se trouve dans le Hainaut six villages du nom de Villers qui puisent leur étymologie à la même source.

HAMEAUX.

La Fosse. Alvau, *au vallon.* Beclines, *pente.* Moulin à poudre. Château de Bierbais.

HOELEDEN.

Hoeledium, Hoelede, 1560, GRAM, MIR.

Le nom de ce village signifie littéralement *basse lande.* Il a pour radicaux hoel, modification de hol, *bas,* et lehde, *jachère, lande,* mot allemand. Oeleghem dans la province d'Anvers est aussi interprétée par M. Krekelinger comme identique à *bas village.*

HAMEAUX.

Driessen. Gelbergen, *monticule stérile.* Voy. le Dict. d'Olinger au mot *Gelt.*

HOEYLAERT.

Holar, 1186, 1228, 1269, W; *Hoelar,* 1204, 1225, Cart. D. B; *Hoilar,* id; *Holleir,* 1215; *Hoelaer,* 1223; *Holaer,* 1246, 1248, 1287; *Holair,* 1383, 1435; *Hoolaert,* 1787; *Holard, Hoylaert.*

Telles sont les nombreuses formes qu'a subies le nom de cette commune située sur l'Isque. Le mot laer, comme on sait, est une *plaine inculte,* un *larris* en roman, *larricium* en bas-latin. L'ensemble est donc identique à *plaine basse,* nom qui caractérise parfaitement bien cet endroit où l'on voit encore beaucoup d'étangs. C'est un lieu tout pastoral où l'on soigne le petit et le gros bétail. Hoeylaer serait identique à *plaine au foin.*

HAMEAUX.

De Bendens, *les bandes.* Blokveld, *la couture de l'enclos.* Gehucht dumberg (dunberg), *hameau du monticule.* Kapel haagbosch, *chapelle du buisson.* Killeveld, *froide culture.* Kroysken, *la croisette.* Kocydaelvelde, *culture de la vallée des vaches.* Vlaenderveld, *culture de Flandre.* Smaberg (smal), *petit mont.* Steenbergbosch, *bois du mont aux pierres.* Ter heyde, *les bruyères.* Groendael, *la verte vallée, le val-vert, viridis vallis,* endroit devenu fameux par son abbaye. Miræus en fait mention en 1304. Willericken. C'est *la chapelle de Notre-Dame de Bonne Odeur.* Voy. pour la légende Sanderus et Wauters.

HOLSBEEK.

Hulsebeek, 1129, Mir ; *Holsbeke,* 1443, id.

Un petit ruisseau qui sort d'un trou près du bois, donne son nom à cette commune. Holsbeck est identique à *ruisseau de la caverne.*

HAMEAUX.

Altenhoven, Attenhoven, 1243, Mir, *vieille ferme.* Meesberg, *mont aux mésanges.* Bergenstraet, *hameau des monts.*

HOUGARDE.

Hugardia, 1002, 1037, Mir F ; *Hugaerden,* 1190, Mir.

Cette commune est située sur la grande Ghète. Son nom peut signifier tout à la fois *haute terre, haut verger* et *vieille garde* (custodia). A défaut de documents historiques qui la corroborent, nous ne pouvons admettre la dernière synonymie. Vu la situation de l'endroit sur une colline dont le pied est baigné à l'est par la Ghète, la première étymologie nous paraît la plus admissible.

HAMEAUX.

Égypte, nom emprunté à la géographie. Aelst, *bois.* Hoxem qu'il faut orthographier Hoksem, *hameau de la bergerie.* Attenaeken ou Altenaeken, *vieilles eaux,* peut-être *vieilles sources thermales.* Rommersom, *demeure de Rommer.* Bosch, *bois.* Grand et petit Overlaer, *pâtis situé au delà* (de la Ghète). Grand pont. Arbre Magdelaine. Beuge (Beughel), *la courbure.* La Ghète décrit un hémicycle en cet endroit. Nerm est un mot inintelligible ; il faut peut-être lire Neerhem, *bas hameau.*

HOUTAIN-LE-VAL.

1087, T. B ; *Houtanium campestre.*

HOUTAIN-LE-MONT.

1211, T. B ; *Houtanium Montanum.*

Nous avons eu, plusieurs fois, l'occasion de faire remarquer que le nom de Houtain n'est que la romanisation de Houtem, *demeure dans le bois.* Le premier Houtain est dans la vallée, le second sur un plateau.

HULDENBERG.

Hildeberg, 1145, W ; *Huldeberg,* 1154, Cart. St Bav ; *Hildeberga,* 1154, Mɪʀ ; 1190, 1215, id ; *Hildeberga,* 1159, Cart. de T ; *Huldeberge,* 1160, Mɪʀ ; *Hildebergen,* B. Y ; *Hildeberche,* 1181, W ; *Holdeberga,* 1211 ; *Holdebierges,* 1208 ; *Hodebierges,* 1214 ; *Hottebierges, Heldeberge,* 1226 ; *Huldeberghe,* 1435, W.

L'une des plus vieilles formes du nom de cette localité, *Huldeberg,* nous montre *la montagne de l'hommage.* Cette étymologie nous rappelle le culte des Celtes dont cette montagne nous a conservé le souvenir après bien des siècles. Or, Huldeberghe était dans l'antique forêt de Sonne.

M. Wauters, après avoir indiqué près de Huldenberg une localité appelée Vranksberg, *la montagne du Franc* ou *des Francs,* dit que la colline qui prend le nom de Huldenberg, a été ainsi nommée soit pour avoir été le théâtre de l'inauguration des chefs qui régnaient à *Dispargum*, soit que d'anciennes traditions l'eussent consacrée à l'une des divinités germaniques, à Hilda.

« Clodion et ses successeurs, continue l'attachant historien, auraient vainement cherché, dans les alentours de leur résidence, un plus beau cadre pour la scène solennelle qui accompagna leur avènement au trône. Des forêts, vierges encore de la hache et s'étendant dans toutes les directions, imprimaient un caractère mystérieux à la belle vallée dans laquelle l'Yssche roule ses eaux limpides. Ce site pittoresque aurait aussi pu être consacré à Hilda ou Holda, cette déesse des Suèves qui, selon Grimm, n'était pas sans analogie avec l'Isis égyptienne et romaine. Dans les sombres vallées de la Norwége, on la vénère encore comme le symbole du génie de la solitude ; c'est la fée Hulda que l'on voit, le soir, couverte d'un long voile, marchant la tête baissée dans les déserts des forêts de sapins. Son visage est pâle, son regard pensif, mais la suave tristesse de ses yeux bleus produit la même satisfaction que l'éclatant sourire de la fée d'Égypte. »

HAMEAU.

Wolfshaege, *le bois du loup* ou *des loups*.

HUMBEEK.

Hombeek, 1140, MEI ; *Hombecque*, 1333, MIR ; *Hunebeek*, 1254, id ; *Humbeca*, 1130, BUT ; *Hoenbeke*, 1268, 1392 ; *Honebeke*, 1280, 1305 ; *Henbege*, 1435 ; *Humbeke*, 1498, W.

Le radical *hum* n'existant pas dans la langue flamande, c'est *hen* ou *hoen* qu'il faut voir. Or, le premier mot est un mot générique qui signifie *oiseau*, par extension *poule*. Peut-être nos pères ont-ils voulu désigner par ce mot des poules d'eau ou toute autre espèce d'oiseaux aquatiques, tels que oies, canards. Or, cette commune est située sur un ruisseau qui se jette dans le Ruppel à travers de grands marais autrefois, devenus aujourd'hui prairies. Hoenbeek signifie donc *le ruisseau du gibier d'eau.*

Il est à remarquer que le comte de Humbeek portait un coq dans ses armes.

HAMEAU.

- 'T Sas, *l'écluse.*

HUPPAYE-MOLEMBAIS-Sᵗ-PIERRE.

Hupanium, Molembesu, 1174, Mᴵᴿ.

Huppe, hoppe en flamand, huppe en français, upupa en latin, est le nom d'un oiseau de passage. C'est le putput ou lupoge, ainsi nommé de son cri *pupu.* On sait que le mot aie veut dire *eau.* Huppaie, mot pur roman, signifie donc *eau des huppes, fontaine* ou *ruisseau des huppes.* Or, il y a à Huppaie des sources, et de plus cet endroit est traversé par un ruisseau dit de Sᵗ-Jean.

HAMEAUX.

Fauconval, *vallée des faucons.* Molembais-Sᵗ-Pierre. Rue d'enfer.

HUYSSINGEN.

Hunseghem, 1158; *Onseghem,* 1220; *Hunseghem,* 1222; *Huysinghe,* 1404; *Huyssinge,* 1427; *Huyssinghen,* 1455; *Huyssinges,* 1560.

C'est encore à la vieille langue teutonique qu'il faut demander la valeur du premier radical de Hunseghem, Hunsenghem, Onsenghem. Hühnchen, en allemand, comme Hoenen, en vieux flamand, est un mot générique qui désigne toute espèce de gallinacées. « Etsi hoen pro gallina ferè usurpetur, dit Kilian à ce mot, tamen commune est nomen ad omne gallinaceorum genus. » Le nom de cette commune est donc identique à *basse-cour,* gallinarium. Cet endroit ne comptait que 50 maisons en 1526.

Hameaux.

Solemberg, *mont de Sone*, *du soleil.* Nederdoreppe, Nederdorp, *bas-Tourneppe.* Voy. cet art. Nekersput, *trou des Neckers* ou *Nickers.*

INCOURT.

Aicuria, 643, Mir A; *Aiuncort*, 1036, Mir; *Ayoncourt*, 1079, id; *Ayencurt*, 1226, B. Y; *Aicuria.*

Cet appellatif est synonyme de *domaine d'Aius*, père de Sᵗᵉ Réginulfe ou Ragenulfe, laquelle y vit le jour et y eut son tombeau. Il y avait à Incourt un collége de douze chanoines fondé par Radulf et sa femme Gisla, en 1036. Voy. Mir. Il fut transféré à Louvain en 1456, par le pape Nicolas V. Ce village avait une keure en 1226.

Hameaux.

Long-pré. Brombais, Brumbazia dont il est fait mention vers 660 dans Molanus et en 1079 dans Miræus. C'est là que naquit Sᵗᵉ Réginulfe. Ce nom signifie *ruisseau des sources.* C'est une romanisation de *Brunnbeek.*

ITTERBEEK.

Jetterbeca, 1173; *Itrebeca*, 1244; *Interbeca*, 1249; *Yetterbeca*, *Yetterbeek*, 1387; *Ytterbeek*, 1383; *Itterbeek*, 1435, W.

Cet appellatif ne signifie pas autre chose que *ruisseau putride*, *malsain.* Voy. Kil. au mot *eter*, et Merula à celui d'*iter*. Nous ne comprenons pas comment Grammaye ait pu traduire le nom de ce village par *Torrens iterii*. Que signifie en effet iterium? Ce mot n'existe pas dans la langue latine. Selon M. Wauters, ce serait *le ruisseau des Jettes* ou *des géants.* Dans l'Edda, dit-il, la demeure des esprits du mal s'appelle Jettunheim, *habitation des Jottes* ou *Jettes.*

HAMEAUX.

Snikberg. La valeur du premier radical de ce nom nous est inconnue. Nous croyons qu'il faut lire Snipberg, *mont des bécasses.* Sᵗᵉ-Anne Pede, *Sᵗᵉ-Anne sur la chaussée.* Biesbeckhof, *ferme du ruisseau des joncs.* Il y a dans cet endroit une localité appelée Hunsloo, Hounslo, *bois des Huns?*

ITTRE.

Turna, 897, Mɪʀ; *Iterna*, 1112, id; *Bassa Itria*, 1146, T. B; *Ittere*, 1225, Mɪʀ.

Pour l'étymologie de ce nom, voy. Haut-Ittre, avec lequel cette commune n'en faisait qu'une anciennement.

HAMEAUX.

Sart, *l'essart.* Bilot ou Brûlots endroit sec et aride où tout brûle sur la terre. Fresnois. Baudemont, *mont de Bauduin* ou *mont gai.* Voy. Roq. au mot *bau.* Le patriote. Le trou d'enfer. Hasquemont, nom d'une seigneurie.

IXELLES, *fl.* ELSEN.

Elsela, 1210, Cart. de la Cambre; *Elsele*, 1255, 1300, 1502; *Helsele*, 1304; *Ixel*, W; *Elsen-Borgraeve*; *Elsene*, 1360, Mɪʀ.

Ce n'est pas la première fois que nous rencontrons un nom de lieu qui ne signifie pas la même chose dans les deux langues usitées dans le pays. Quel est le mot original ici, c'est-à-dire celui dont l'autre n'est que la traduction? Est-ce Ixelles ou Elsen? Ixelles en celtique comme en teuton est identique à *demeure basse.* (Radicaux is, ik, *eau,* et zeele, *demeure*).

Si l'on considère la situation d'Ixelles, on ne peut nier que cette qualification ait été propre à cette commune dans l'ancien temps.

Quant au mot flamand Elsen (les aunes), comme les aunes et les au-
nelles se plaisent et viennent à merveille dans les terrains aquatiques, on peut aussi supposer que cette localité en aura été couverte
autrefois, et que le peuple aura donné à l'endroit non pas le nom
de la situation, mais celui du produit du sol, ce qui est toujours
plus visible et plus frappant, et l'aura appelé *le village de l'aunaie.*

On voit que ces deux dénominations, quoique ayant un sens différent, ne se contrarient pas outre mesure et peuvent fort bien se
concilier.

Comme ten Nooden, Ixelles n'était autrefois qu'une dépendance
de Ste-Gudule. Les châtelains de Bruxelles possédaient anciene-
ment une grande partie du territoire d'Ixelles ; de là la dénomination de Elsen-Borgrave : *Ixelles du châtelain* ou *sous-le-châtelain.*

HAMEAUX.

Ten bosch, *le bois.* Bas Ixelles. Machine hydraulique. Boendaels-
puel, *marais du vallon des cultivateurs* et non des fèves. Voy. Kil.
au mot *boon.* Château la grâce. Château de l'ermitage. De Elsensche
vyvers, *les étangs d'Ixelles.* De lange hoogvelden, *la longue haute-
culture.* De mangeling, *l'échange.* Den Elsenberg, *le mont d'Ixelles.*
Den peertbosch (peertje), *le bois aux petites poires.* Den tabakveld,
la culture du tabac. Den verkeerdenhaenveld, *la couture du coq
retourné.* Ferme de Grœndael. Fleurgat. Voy. l'art. Uccle. Fruykens-
veld (Fruitkens), *champ aux petits fruits.* Het Brusselsvelde, *la culture de Bruxelles.* Zwaenberg, littéralement *le port des Cignes.* Voy.
Kil. au mot Berg, *portus.* Zonienbosch, *le bois du Soleil.* Ter Cameren, *la Cambre.* L'abbaye de la Cambre (ter Cameren) fut fondée en
1200 par une religieuse du nom de Gisèle, dans un lieu appelé
Pennebeek, *ruisseau des plumes,* à cause des cignes et autres oiseaux
sauvages qui y venaient s'abattre. Elterken, *l'arbre bénit.* De tout
temps le peuple a eu une grande vénération pour cet arbre. « On
peut hardiment admettre, dit M. Wauters, Hist. des environs de
Brux., vol. III, page 284, que la vénération pour le tilleul de l'Elterken remonte au temps du paganisme ; sa situation isolée sur une

hauteur, à proximité de la forêt de Sonna ou du soleil, l'aura fait choisir par nos ancêtres pour être consacré au culte. Le tilleul, comme on sait, est l'arbre qui, d'ordinaire, signale dans notre pays les sites illustrés par des souvenirs. Cet arbre était consacré au dieu Thor. »

JANDRAIN-JANDRENOUILLE.

Jandrenolium, 1190, Mir; *Jandranium*, *Jandraniolum*, Gram; 1560, Mir.

On croit que cette commune tient son nom d'un seigneur du nom de Dragon, terrible brigand qui exerçait ses déprédations sur tous les habitants de la contrée. Jandrenouil (c'est ainsi qu'il conviendrait d'écrire ce nom) est le diminutif de Jandrain.

Cette localité n'a point de hameau.

JAUCHE, *fl.* GHETE.

Giachia, *Jachse*, 1100; *Jacen*, 1096, Mir; *Jiache*, 1096, id; *Jacia*, 1160, id; *Jacia*, 1212, Cart. C. F; *Jausse*, *Jasse*, *Jache*, T. B.

Cette commune doit son nom à la Jauche, petite rivière qui la baigne. C'était une ancienne baronnie. Il y avait autrefois un château-fort. Ghete est le nom flamand de la rivière.

Hameaux.

Rue d'en haut. Fossé-Renaux.

JAUCHELETTE.

1216, Mir; 1560, id.

Cet appellatif est le diminutif du nom précédent. Il est très-probable que ce village était autrefois une dépendance de Jauche.

Hameaux.

Jauchelette l'abbesse, ainsi nommé d'une abbaye de femmes qui y fut fondée en 1216. La Ramée, *Rameia*, dont il est fait mention à la même époque, signifie *buisson*, *bosquet* (à ramoso virgulto).

JETTE-St-PIERRE.

Jetta, 1095, Mir ; *Jecta*, 1146, 1174, Cart. St Bav ; *Getta*, 1146 ; *Jet*, 1150 ; *Geth*, 1186, Mir ; *Get*, 1186, id ; *Jhet*, 1220 ; *Jette*, 1589 ; *Yette*, 1435, W.

Ces noms divers désignent un *défrichement*, un *essart*. Cet appellatif dérive du verbe jetten, jatten, *runcare*, *sarrire*, *défricher*. Voy. Kil. à ce mot. Tous les noms des hameaux de cette commune font voir clairement qu'elle est une conquête sur les bois. Or, Jette se trouvait dans l'antique forêt du soleil, *in zonniá silvá*.

HAMEAUX.

Abdy van Diligem, *abbaye de Diligem*. Cet endroit était connu en 1163 sous le nom de Thidlengem, Thidelgem, *manse de Thildo* ou *Didli*; ce nom s'est altéré en celui de Didligem, Diligem. Bois-St-Michel. Nieuwboschveld, *nouvelle culture du bois*. Esseghem (Eedzegem, 1485), *hameau du frênois*, (Esch). Gillisveld, *culture de St-Gilles*. Helsveld, *culture du bois*. Voy. Hoe. au mot *helte*. Koekelberg. Voy. cet art. Kooistraetveld, *culture du hameau de la bergerie*. Pannenhuis, *maison aux pâtisseries, guinguette*. Krayenboschveld, *culture du bois des corneilles*. Exterenberg (Eksteren), *mont des pies*. Heymbosch, *bois secret, bois mystérieux, bois sacré*. Voy. Kil. au mot *heym*. Serait-ce encore un souvenir des vieux temps, ou bien la qualification de bois mystérieux n'aurait-elle été donnée à ce lieu que par les jeunes cœurs des temps modernes? C'est ce qu'il serait assez difficile d'établir.

JODOIGNE, *fl.* GELDENAEKEN.

Geldona, 658, Ac. SS ; 1160, 1189, Mir ; *Geldenaken*, 1184, id ; *Geldonia*, 1213 ; *Judogne*, 1500, But ; *Geldenacum*, T. B ; *Jodogne*, 1560, Mir.

Grammaye a écrit que cette ville ancienne tire son nom de la rivière qui l'arrose : *a Getæ aquis nomen sortitur*, ce qui est indubitable. Geldenacken n'est qu'une légère altération de Gheetes-aeken.

Le baron Le Roi, dans sa Topographie du Brabant, dit aussi : « Et dubitavi aliquandò an non à Getæ aquis Goldenacum sortiatur appellationem, cùm aquas germanicè aken efferri doceat Aquensis urbs. »

Jodoigne en roman est également pour Get 'oigne, Get 'aigne.

HAMEAUX.

Moulembais est la traduction de Molenbeke, *ruisseau du moulin*. St-Lambert. St-Médard. St-Josse.

JODOIGNE-LA-SOUVERAINE.

Geldona superior, 1120, 1347, MIR ; *Jodogne*, 1560, id.

Même étymologie que ci-dessus. On a donné à cette petite ville le nom de Souveraine ou Supérieure, parce qu'elle est située en amont sur la Ghète, tandis que l'autre Jodoigne est en aval.

HAMEAUX.

Mont-St-Pierre. Brocui, Appeau semblent être deux noms de ferme.

KEERBERGEN.

Kyrberge, 1079 ; *Kereberga*, 1121, 1147, MIR ; *Keerberg*, 1211, id.

Cette commune est située à l'extrémité de la province du Brabant. Le territoire y forme un angle droit. De là son nom : *Mont du tour, de la curvité.*

HAMEAUX.

Wolvenberg, *le mont des loups.* Kruis, *la croix.* Loozenhock, *le hameau des gueux.* Heikant, *voisinage de la bruyère.* Cortewelvaert, *court bonheur.* C'est un nom donné par la fantaisie. Piervenshoek semble tenir son premier radical d'un nom propre. Zeept est un mot indéchiffrable. C'est probablement une altération du mot allemand sumpf, *marais.* La situation du hameau est favorable à cette interprétation.

KERKOM.

Kerkum apud Thenas, vers 1200, Mol; *Kerkem, Kerkemium,* Gram.

Le nom de cette commune est identique à *maison* ou *hameau du temple.*

Hameaux.

Boschskant, *voisinage du bois.* Dries, Molendries, *vaine pâture.*

KEERSBEEK-MISCOM.

Keersbeke, 1339, Mir; 1560, id.

Sur la Velpe. Ce nom signifie *ruisseau des cérisiers,* cerasorum torrens, dit Grammaye. Miscom est le hameau de la foire, *mis, misse.*

Hameaux.

Cattebeek, *ruisseau des chats.* Leede, de l'allemand lehde, *jachère, lande.* Reyseren, altération de Reyzerhem, *hameau des voyageurs.*

KESSEL-LOO.

1310, 1420, 1431, Mir; 1560, id.

Cette commune est bornée à l'ouest par la Dyle. A l'est s'élèvent deux montagnes séparées par un large ravin, (c'est le nom que porte l'endroit même), de sorte que ce village se trouve dans ce ravin. Son nom est allemand. Il signifie *vallée encaissée*. Le mot Loo fait connaître que c'était autrefois un bois.

LAEKEN.

Laca, 1012, Mir F ; *Laca*, 1080 ; *Lace*, 1099 ; *Lachus*, 1117 ; *Lachen*, 1157 ; *Lacum*, 1169 ; *Lake*, 1221 ; *Laken*, 1154, 1229, 1312, 1324 ; *Laeken, Laechen*, W ; *Lachœ*, 1660.

Sur la Senne. Résidence royale. Il en est peu de plus princière, de plus saine et de plus agréable que le château de Laeken. Ses constructions datent du milieu du dernier siècle. Ce fut l'archiduchesse Marie-Christine d'Autriche qui le fit ériger sur les plans de son époux le duc Albert de Saxe-Teschen.

C'est en deçà du Wallenberg que s'est élevé le village de Laeken, entre deux vallées remplies autrefois d'étangs. Son nom signifie *petit lac*. Ce n'était encore au XIIᵉ siècle qu'une *villula*. Néanmoins, il y avait déjà une église.

HAMEAUX.

Faubourg de Laeken. Hoog en neder Laeken, *haut et bas Laeken*. Hooge en nederleest (leese), *haute et basse plaine*. Groenweg, *le chemin vert*. Groenebaen, *la verte chaussée*. Den kauwenberg, *le mont des corneilles*. Ter plast, *à la mare*. Dry gehuchten, *les trois hameaux*. Espeyveld (espe), *la culture du tremble*. Droetbeek est probablement pour de roodebeek, *le rouge ruisseau*. Hysel (Heyssel), *la colline*. Donderberg, *mont du tonnerre*. Hoogstenveld, *la partie la plus élevée des champs*. Klein boomken, *le petit arbuste*. Koninglyk brug, *le pont royal*. Schoonberg, *beau mont*. C'est en cet endroit que s'élève le château royal. Neckersgat, *le trou des Neckers*, souvenir de la mythologie germanique. Neckersdael, *la vallée des Neckers*. Stuivenberg, *le mont des sous*, ainsi nommé parce que l'on y a trouvé beaucoup de monnaies romaines. Wallenberg, *le mont des Wallons* ou plutôt *des Gaulois*.

9

LA HULPE, *fl.* TER HULPEN.

Holpa, Golpa, Hulpen, 1226, Mir ; *Helpe, Hulpe,* 1250, Cart. D. B ;
Holpa, 1310 ; *Golopia, oudt Gulpene,* Ac. SS , 5 janvier.

Le nom La Hulpe est une romaisation du vieux mot flamand hulpen qui s'est dit pour gulle, *vorago, lacus, grande mare d'eau, lagune.*

Golpa est à son tour le mot teuton golpe ou kolp (xolpos en grec),
que l'on a latinisé. Il signifie, comme hulpen et gulle, une *lagune,*
un *petit lac.*

La synonymie que nous donnons ici est justifiée par la situation
de ce village sur les bords d'un grand étang.

La Hulpe avait une keure en 1250.

HAMEAUX.

Bois royal de la ramée. Bois du général Jaco. Gaelmaerde, *terre
d'écho.* Voy. l'art. Galmaerde. L'endroit qui porte ce nom est un
ravin entre deux monticules. Château de Bazen. Château Bethune.
Château de la Nève. La haise, *la ferme.*

LANGDORP.

Langdorp, 1260, 1265, 1282, Mir ; *Langhdorpe,* 1380 ;
Langendorp, 1560, Mir.

Cette commune est située sur le Demer. Son nom est identique à
long village.

HAMEAUX.

Goor. On appelle de ce nom en Flandre et en Hollande une terre
fangeuse mais fertile et qui rapporte sans engrais. Rode, *essart.*
Bloemberg, *le mont aux fleurs.* Roosendael, *vallis rosarum,* dont il
est fait mention dans les Ac. SS. à l'an 1247, c'est *le val des roses.*
De heide, *la bruyère.* Wolfsdonck, *le donk du loup.* Un donk est une

éminence dans une prairie ou terrain inondé que l'on découvre la première quand les eaux qui couvraient le tout, se retirent. Quelquefois aussi c'est une partie de terrain dominant les marécages. Ce mot a pour racine *dun, don,* élévation. Grammaye le définit assez bien en disant : *locus è paludibus emergens.* Zavel, *sablon.* Oudenstok, *le vieux tronc.* Gymelberg, *mont Gimel,* nom emprunté à l'histoire sainte. Ce village comptait 202 maisons en 1526. Ce chiffre confirme ce que le nom du village indique l'étendue locale.

LASNES-CHAPELLE-Sᵗ-LAMBERT.

Lana, 1225, Mɪʀ ; *Lanne,* Wɪʟʟᴇᴍꜱ ; *Lane,* 1560, Mɪʀ.

La Lasne ou l'Agne qui traverse cet endroit lui a laissé son nom. *A præterlabente amne nomen sortita,* dit un auteur.

Hᴀᴍᴇᴀᴜx.

Remipont, *pont de Remi.* Renivaux (Rainvaux?), *vallons du bois.* Culot Renival, *fond du vallon Renival.* Beaumont. Cheval de bois. Basse Lasnes. Les quatre huriaux, *les quatre-vents.* Ce mot a dans le Dictionnaire de Roquefort seulement la signification de *bourru, brutal.* Nous croyons qu'il vient du latin *ululare, hurler,* d'autant plus que l'on dit encore à la campagne, dans le pays wallon, *El bise huriele, le vent du nord souffle.* Payot et Genleau sont deux noms de ferme.

LATHUY.

1073, Mɪʀ ; *Latutum,* Gʀᴀᴍ ; *Lathuie,* 1560, Mɪʀ.

C'est-à-dire *la thuie,* espèce de ciprès. Si, au dire des savants Willems et Jacobi, une simple plante a donné quelquefois son nom à une localité, on ne trouvera pas mauvais qu'un arbuste ait eu la même puissance.

Hᴀᴍᴇᴀᴜ.

Francour, *franche ferme* ou *manse lidile.*

LEAU, *fl.* LEEUW.

Leva, Leuva, IX⁰ siècle, Ac. SS ; *Lewe oppidum,* 1213, B. Y ; *Levea-cum,* 1256 ; *Leeuwe,* 1255, 1380, MIR ; *Leuva, Leuvia, Levia, Leewœ, Leuwes, Leewes, Sout-Leeu, Lyaulle,* 1521, ROBERT MACQUEREAU.

Grammaye et autres écrivains font dériver ce nom du mot leeuw, *lion.* C'est une absurdité. Ce nom n'est pas autre chose qu'une mo-dification du mot leye, waterleye, *aquagium, aqueduc, réservoir d'eau.* Cette petite ville possédait autrefois un vaste étang nommé le *lac de Leau.* Il est desséché depuis quelques années et livré à l'agri-culture. Or, ce lac était en communication avec la petite Ghète, et c'est cette circonstance, si non le lac même, qui lui a fait donner le nom de Leau, Leeuw.

Remarquez que le mot le-eau en roman est identique à *large eau, vaste eau.* Lyaul, autre nom roman de Leau, signifie *l'eau.* Évidem-ment c'est le lac qui a donné son nom à cette ville. Nous ne voyons pas pourquoi Laurent Echard, traduit par Vosgien, appelle cette ville *Leve Fanum.*

HAMEAUX.

Terweiden, *aux pâturages.* Ossenweg, *le chemin des bœufs.* Ten rode, *le défrichement.* Maesrode, *défrichement des érables* ou *essart de Thomas* (maes).

L'ECLUSE.

1560, MIR.

Cette petite commune est située sur le Schaerbroekbeck, *ruisseau du marais des bruyères,* qui se réunit à la Ghète à Hougarde. Son nom n'a point besoin de commentaire.

HAMEAUX.

Selinpré. On donne dans le Hainaut le nom de selin (salin) au limon que les inondations déposent sur les prairies. Ce sédiment est un engrais puissant. Selinpré veut donc dire *pré de sédiment*. Wahanges. L'endroit que ce nom désigne est une petite pente baignée par les eaux. Il est assez remarquable que waé en roman signifie *trempé d'eau*, *baigné*, et que le mot allemand hang est identique à *pente*. Or, un mot ne peut pas se composer de deux radicaux appartenant à différentes langues. Hange est donc une romanisation du mot allemand hang.

La tourette, *la petite tour*. La ghête. Ce mot signifie ici *la chèvre*, *le hameau de la chèvre* ou *des chèvres*, car la rivière de ce nom ne passe pas en cet endroit.

LEEFDAEL.

Levendale, 1120 ; *Levedale*, 1148, 1198, 1236, W ; *Leefdaele*, 1312, Mir ; *Lefdale*, 1323, id ; *Levedale*, *Levedalia*, B. Y ; 1226, Mir ; *Lefdalia*, 1462, T. B ; *Lefdalia*, 1382, Mir ; *Lievale*, 1225, id.

Sur la Voer. Levedael signifierait *le vallon de l'amour*. Voy. Kil. au mot *leve*, vox sax-fris. Liefdael, *le vallon enchanteur*, *agréable*. Liebenthal, en Silésie, Liebenwald dans le Brandebourg, Liebenzeel en Souabe, Liebenwerda en Saxe, puisent leur étymologie à la même source. Voy. l'ouvrage de Victor Jacobi, professeur à l'Université de Leipzig, intitulé : *Die bedeutung der Böemischen Dorfnamen*, etc. Leipzig, 1856.

HAMEAUX.

Schaerbrock, *marais des bruyères*. Voy. l'art. Schaerbeek. Tacfisse et Cabousse sont deux noms de ferme.

LEEUW-St-PIERRE, *fl.* St-PEETERS-LEEUW.

Lewes, 818, 1079 ; *Lewe* et *Leuve*, 1130 ; *Levies*, 1138 ; *Leuves*, 1141 ; *Leeuwe*, 1184 ; *Lewes* ou *Lewis*, 1217, 1247 ; *Leeuwes*, W ; *Liewes*, 1064, Mir.

Ce village est situé sur la Zuene et la Senne. Il comptait déjà 234 maisons lors du recensement de 1526. M. Wauters fait dériver cet appellatif du mot roman *l'aiwe, l'eeuw* qui signifie *eau*. Le grand nombre de ruisseaux qui arrosent cette localité semblent sanctionner cette étymologie. Seulement nous nous demanderons comment un mot pur roman a pu se donner à une localité toute flamande. N'est-ce pas le cas de rappeler ici cet axiome d'Abraham Ortelius : « Nominum etymologiæ ex cujusque gentis vernaculo meliùs quàm ex peregrino sermone petuntur. » Il faut chercher l'étymologie des mots dans la langue du pays et non dans celle des étrangers. Or, selon le savant Willems, Leeuw ne serait que la prononciation allongée du mot *lee, leye, ruisseau*. St-Peeters-Leeuw, St-Peeters op Leye, serait donc *St-Pierre sur le ruisseau*.

HAMEAUX.

Loth. On pourrait prendre le nom de ce hameau pour un nom biblique, si l'on ne savait point qu'il portait autrefois celui de Laeck, *l'étang*. Brucum (Broeckom ou Broecghem), *hameau du marais*. Mekenghen, *hameau de Marie*, ainsi nommé d'une petite chapelle dédiée à Ste Marie Magdelaine. Rinck (Ring), *le centre*. Zuen, *la Zuene*, nom d'un ruisseau. Voy. son étymologie aux Prolégomènes. Rattenval, *vallée des rats* (*d'eau*) sans doute. De strop, *la stroppe* ou *poulie*. Beysberg, *mont des abeilles*. Alsput, le premier radical est méconnaissable ; peut-être faut-il lire Holsput, *fossé profond*. Rukkelingen (rugghe), *prairies du versant de la colline*.

LEMBEEK.

Lembeca, IXe siècle, Ac. SS, vol. 27, p. 844; *Lembeca*, 1146 ; *Lembecha*, *Leembeek*, 1182, 1185, M_{IR}.

Cet appellatif a pour premier radical l'adjectif Lem, *clair, limpide*, et pour second Beek, *ruisseau*. Nous ferons remarquer ici que Lem est aussi l'abréviation du mot Lambert, mais comme un ruisseau ne peut pas constituer la propriété d'un seul individu, nous nous en tiendrons à la première étymologie. Il y avait autrefois dans cette commune un château-fort nommé le château Van Asch, lequel fut détruit en 1356 par les Flamands qui incendièrent le village.

Meyer mentionne ce château à l'an 1185, sous le nom latin de Vanasca.

HAMEAUX.

Hondzocht, nom de fantaisie. Molheide (maal), *bruyère de la borne*.

LENNICK-SAINT-MARTIN.

Liniaco, 832; *Liniacum*, 877, Mir; *Liniaca*, 897, id; *Lennecha*, 1059, 1136; *Leneca*, 1086; *Lyniaco*, 1218; *Leneka*, 1230; *Ligniaco*, 1250; *Ligni*, 1251, 1398; *Lingni*, 1367; *Ligny*, 1534; *Lenneke*, 1538; *Lennik*, 1622, W.

Les deux Lennick n'ont fait jusqu'au XIIIᵉ siècle qu'un seul village. Il était, comme nous l'avons dit aux Prolégomènes, situé sur la voie consulaire qui allait de Bavai à Assche.

L'étymologie de ce nom est très-obscure et n'admet que des conjectures. Le second radical signifie *eau, ruisseau* par extension. Lehn'ik peut signifier *le ruisseau du versant de la montagne*. Lhedenik, *le ruisseau des jachères*. Enfin, M. Wauters écrit, d'après Buddingh, que la lune était adorée dans l'Europe septentrionale sous le nom de *hlyn, lin, linia*, et suppose, à son tour, qu'anciennement la lune a été en honneur dans cet endroit.

Le mot latin Liniacum, liniaca répond à Lynick mot qui voudrait dire *ruisseau* ou *village de la ligne*. Est-ce que, par hasard, le mot latin linea aurait été employé dans l'ancien temps pour désigner la voie romaine, de même que l'on dit de nos jours *la ligne du nord, de l'est*, pour le chemin de fer du nord, de l'est ? quant à nous, nous ne serions pas éloigné de le croire, et nous adopterions cette étymologie par la considération que plusieurs villages situés sur l'ancienne voie romaine portent le nom de *Ligne, Ligni*. En effet à Ligne, dans le Hainaut, passait la voie consulaire. Il en était de même à Ligney, province de Liége, ainsi qu'à Ligny, province de Namur.

Nous n'ignorons pas que l'on a prétendu aussi faire dériver ces noms du mot bas-latin *lignum*, mais jamais ce mot n'a eu la signification de *forêt*, *bois*.

HAMEAUX.

Tombergue, mot altéré dans son orthographe pour Tomberg, *mont des tombes*. C'est évidemment un tumulus romain. Les Romains étaient dans l'usage d'élever des tombeaux pour couvrir les dépouilles des soldats morts au champ de bataille. L'histoire l'atteste. Tacite rapporte qu'après la défaite de Varrus, César-le-Germanique fit inhumer les corps des soldats qui avaient été tués. Il ordonna de construire un tumulus, et lui-même posa le premier gazon, voulant ainsi s'acquitter d'un devoir agréable aux défunts et témoigner en même temps aux vivants qu'il prenait part à leur douleur. On a découvert à Lennick beaucoup de poteries et de médailles romaines, et à une grande profondeur les débris d'un pavé qui allait vers l'est.

Zwynenberg ('Tzwynberghe, 1385), *le mont des porcs*. Ped, *chemin*; c'est la voie romaine qui est ici désignée par ce mot. Merula reconnait au mod pad, padt (en all. pfad) la signification de *semita*. Gautweerdeghem, *hameau de Godefroid*. Den Wilsatenboom, *l'arbre des Wilzes*. Cotthem, *hameau des chaumières*. Alsingen, *prairies aux aunes*. Il en est fait mention dans Miræus à l'an 1215, sous le nom de Alsinghem, qui serait *la demeure d'Alsing*, nom saxon.

LENNICK-Sᵗ-QUENTIN.

Liniacum, 832, 877, Mɪʀ; *Liniaca*, 897, id; *Lennecha*, 1059, 1136; *Leneca*, 1086, id; *Lyniaca*, 1218; *Leneka*, 1250; *Ligniaco*, 1250; *Ligni*, 1251; *Lenneke*, 1538; *Lennik*, 1622, W.

Nous venons de dire que cette commune était autrefois réunie à celle de Lennick-Sᵗ-Martin; elle est du même âge que cette dernière, et a une étymologie identique.

HAMEAUX.

Ten helleken, mentionné dans les B. Y. à l'an 1334, sous le nom de Ten nelleken, *petit enfer.* Vyverseele, *hameau des viviers.* Breede eyck, *le grand chêne.* Bondeweyde, altéré pour Bonteweyde, *mauvais pâturage.* Bossuyt, *bois de buis.* Boxtal (Bokstal), *bergerie.* Canalwirde (Kanaelweerd), *digue du canal.* Kastelweydes (hem), *hameau du pâturage du castel.*

Ceurebeek-Meerschem et Ceurebeek-Veld, *prairies et couture de Ceurebeek.* Kleinveldekens, *hameau de la petite culture.* Het dael, *la vallée.* Ce mot est du genre neutre en vieux flamand. De galgendries, *la vaine pâture de la potence.* C'était le lieu où s'exécutaient les jugements. De heide, *la bruyère.* Flinderveld, *plaine des papillons.* Grootenbosch, *grand bois.* Goleveld (goule), *plaine Ste-Gudule.* Groote weide, *grand pâturage.* Il est un hameau désigné sous les variantes suivantes : Hunsel, ce serait *l'établissement des Huns,* huttesele, *le hameau des chaumières,* enfin heussel voudrait dire *la colline.* Hofstade ou hofstede, *la maison de campagne.* Het leen, *le fief.* Krabbosch (Krayebosch), *bois des corneilles.* Tuytenberg signifie *montagne de Theut* ou *Tuito, mont du dieu Mercure.* Teutatès signifie en celtique *père du peuple.* Neckerspoel, *marais des Nickers,* souvenir de la mythologie germanique. Voy. les Prolégomènes.

LEERBEEK.

Laerbeek, 1145, 1170, M$_{IR}$; *Larbeca*, 1229, id ; 1161, T. B.

Ce mot est synonyme de *ruisseau des larris,* c'est-à-dire qui coule à travers des plaines non cultivées. Cette commune n'a qu'un hameau : Mont St-Jean.

LIEDEKERKE.

Lidekerke, 1088, M$_{IR}$; *Ledekercha, Ledechercha,* Cart. de Ninove ; *Lidekerka,* 1146 ; *Lidekerka,* 1167, M$_{IR}$; *Lydekerke,* 1341, Ms sur l'abb. de Nin ; *Lidekerk,* 1379, M$_{EI}$.

On a émis diverses opinions sur l'étymologie de ce nom. Il ne signifie ni le village des chants, ni celui de la douleur ; c'est tout simplement l'oratoire d'Alida ou Lydie : *Lydæ kerka*. On ignore l'époque de la fondation de cet oratoire.

HAMEAUX.

Paelsbeek, *ruisseau de la limite* (qui sépare le Brabant d'avec la Flandre). Pamelsbeemden, *prairies de Pamel*, village voisin. Kauwaert, *le waerd* ou *weerd des corneilles*. Voy. l'art. Hauwaert. De meer, *le lac*. Monnikkenbosch et Monnikkenveld, *le bois* et *la culture des moines*. Lang meer, *le grand lac*. Nederliedekerke, *bas Lidekerke*. Vyf hoeken, *les cinq angles*. Lodderhoek, *coin du plaisir*. Pynegem, *hameau de la peine*. Impeghem, *hameau de Impe*, village de la Flandre orientale contigu à Liedekerke. Boschveld, *culture du bois*. Boterdaelmersch, *prairie de la vallée au beurre*. Château de Bouchout. Denbourg, *le bourg*. Fransche heide, *bruyère française* ou *des Franks*. Grootenleenkant, *voisinage du grand fief*. De hoeve, *la ferme*.

LILOIS-WITTERZÉE.

L'Aloux, Le loux, le Loz, 1210, T. B; *Lilloe, Wittersys*, 1406, id ; *Leloz*, 1560, Mir.

Il est peu de noms qui aient subi plus de modifications, qui aient conservé moins de ressemblance avec le mot primitif que celui de Lillois.

Au commencement du XIIIe siècle, la guerre éclata entre l'évêque de Namur et celui de Liége. Forcées par ces malheureuses circonstances d'abandonner leur abbaye, les moniales d'Aywiers se refugièrent à Lillois, et y construisirent un monastère, l'an 1210, dans l'endroit qui s'appelle Nœufcourt. Mais comme l'eau y manquait, elles n'y demeurèrent que sept ans, et furent s'établir ailleurs. Or, dans les registres de l'abbaye de Lillois, dit Le Roi, ce village est désigné sous les noms de Alloux, l'Aloux, le Loux, le Loz. Tous ces noms signifient *alleu, allodium*. Le dernier, Loz, est roman. Plus tard, les cartes géographiques, car on ne connaissait point de Vandermaelen alors, désignèrent cet endroit sous le nom de Le loi, Li loi, d'où est provenu par altération *Lilois, Lillois.*

Quant à Witterzée, *Wittersiacum,* Wittersies, Witterzyes dont fait mention le baron Le Roi en 1343, ce nom signifie *demeure de Welter* ou *de Wilter, Witter.* Gi, chi, zie est une finale qui a la valeur de *demeure, habitation.*

HAMEAUX.

Ferme de la Neuve-Court. L'Ange-Gardien.

LIMAL.

Liemale, 1187, 1199, Mir; *Lyemale,* 1190, id; *Limala,* 1195, 1271. Cart. C. F; *Limalia, Limale,* 1222.

Comme dans Li loz, li est ici l'article défini rom. *le, lu.* Ce nom est identique à *clos, enclos,* lieu enfermé de pieux ou de murs. C'est ce que l'on appelait anciennement *plessis.* Voy. Roq. au mot *maile.* Cet endroit est sur la Dyle; il comptait, en 1526, 174 maisons et deux hôpitaux.

HAMEAUX.

Manil ou Ménil, *maison, demeure, habitation.* Voy. Roq. Martineau, *vivier Martin.* Le trou de woor, *le trou de l'abreuvoir (vadum),* mot rom-tournaisien.

LIMELETTE.

Limalette, Limaliola, 1521, T. B.

C'était autrefois une dépendance de Limal. Son nom est le diminutif du sien. Ce village n'a qu'un hameau : Rofisart, *défrichement de Rophus.*

LINDEN.

Lynden, 1507.

Ce village a retenu son nom d'un*bois de tilleuls.* « A tiliis vide-
tur nomen ductum, » dit Grammaye. Il ne comptait que 17 maisons
lors du recensement de 1526. Il ne paraît point très-ancien.

HAMEAUX.

Linden, *les tilleuls.* Pleyn, *la plaine.* Veeweide, *prairie où l'on engraisse le bétail.* Festing (Vesling), *château-fort.* Speelberg (Spel),
mont couvert de ronces. Zoet royken, *bon petit essart.* Gasthuisbosch,
bois de l'hôpital.

LINKEBEEK.

Linkebeke, 1164 ; *Linckebeke,* 1190 ; *Linkenbeke,* 1325, Mir ;
Lynckebeke, 1430.

Endroit peu important autrefois, puisqu'il n'avait que 33 maisons
en 1526. Son nom est identique à *ruisseau des sources.* Voy. Kil. au
mot *lincke.*

HAMEAUX.

Heulleken, *petit fossé.* Bocht (Bogt), *sinuosité, courbe.* Oplinke-
beek. Château Dwersbosch. Hof ten heuvel, *la ferme sur la colline,*
nommée autrefois *cense Montaigu.*

LOMBEEK-NOTRE-DAME *et* LOMBEEK-Ste-CATHERINE.

Lombeca, 1112, Mir ; 1187, 1190, id.

Séparées aujourd'hui, ces deux communes n'en faisaient qu'une
seule autrefois. Elles sont limitrophes. L'église de la première est
placée sous l'égide de la Vierge Marie, l'autre sous celle de Ste Ca-

therine. Elles reçoivent leur nom d'un petit ruisseau, dit *ruisseau ombragé, boisé*, (Lommerbeek, Loenbeek).

HAMEAUX.

Derrenvoetshoek (Der voertshoek), *hameau du coin du chemin.* Hameau Ste-Catherine. Schepeneusel, *prairie des échevins.*

LONDERZEEL.

Lundersella, 1139 ; *Lundecella,* 1148, 1169 ; *Lundersele,* 1249, Mir ; *Londeschelle,* 1535 ; *Londerseele,* 1686, W.

Le premier radical de cet appellatif n'existant pas dans la langue flamande, on peut raisonnablement supposer que c'est un nom propre. C'est donc *la sala* ou *la villa de Londer* ou *Lunder.*

HAMEAUX.

Pluymennest, *gîte des oiseaux,* sans doute *aquatiques.* Meerstraet, *hameau du marais ou de l'étang.* Snippelaer, *plaine, endroit aux bécasses.* Bleyenhoek, *lieu riant.* Bergh, *monticule.*

LONGUEVILLE.

1560, Mir.

C'est-à-dire *long village,* le mot ville conservant ici sa signification primitive de *villa, villula.* Cet endroit n'a qu'un hameau : Arnelle, nom dont la valeur nous est inconnue.

LOONBEEK.

Loonbeca, Loenbeca, 1147, Mir ; 1521, 1419, id.

Sur l'Yssche qui prend sa source dans le bois de Soignes aux environs de Groendael. Or, Loen-beek signifie *ruisseau des bois,* loen, selon Hoeufft, étant le pluriel de loo.

HAMEAUX.

Pavé. Fonteny, mot rom-wall. signifiant *fontaine.* La ferme de Biequenée, de Hazoy, de Loncée.

LOUVAIN, *fl.* LOVEN.

Loven, Lovania, 887, Mᴵᴿ A ; *Loven,* 885, Rᴇɢɪɴᴏɴ ; *Lovaniæ,* 1003, Mᴵᴿ ; *Louvanium, Lovanium, Lovannium, Lovenen, Lovene, Loeven.*

Oppidum antiquissimum, dit Ortelius. Sigebert de Gembloux le nomme Castrum Loven. Il ne faut pas perdre de vue que les écrivains du moyen âge emploient le mot castrum pour oppidum.

Ce ne fut qu'en 887, que l'empereur Arnould, après avoir battu les Normands qui s'étaient emparés de cette ville, y construisit un château et fortifia ce lieu.

On a beaucoup écrit sur l'étymologie de cet appellatif. L'opinion la plus probable est celle qui le fait dériver de deux mots teutoniques Loo-ven. *C'est la colline boisée au milieu des marais.* La ville haute était *bois,* la ville basse *marais.*

Plusieurs collines qui environnent Louvain, ont jusqu'ici conservé le nom de loo, comme Loobergen, Kesselloo. Lovendael, Venloo, Lovendeghem puisent leur étymologie à la même source. Le bois où cette ville fut construite, a retenu longtemps le nom de loo.

En 1234, Henri de Louvain, duc de Brabant, reconnut que le terrain dit loo, *fundus nemoris qui dicitur loo,* appartenait à cette ville.

Cette ville fut prise et pillée par les Flamands en 1356. Elle comptait, deux siècles plus tard, 3,102 maisons, 12 colléges, 2 hôpitaux, 14 couvents, 5 hospices et une abbaye.

LOVENJOUL, *fl.* LOVENEL.

1320 , Mᴵᴿ F ; *Lovaniolum,* Mᴼᴸ ; *Lovenel,* 1560, Mᴵᴿ.

Ce nom n'est pas autre chose que le diminutif de celui de Louvain. L'endroit n'est d'ailleurs éloigné de cette ville que d'une lieue. Si l'on en juge par l'étendue actuelle de son territoire, Louvain a dû être immense au temps ancien.

HAMEAUX.

Le Brul ou Bruel, *le préau*. Biest. Nous ne produisons le nom de ce hameau, assez insignifiant d'ailleurs, que pour montrer dans quelles limites peut s'étendre la corruption des mots. Ce nom signifie proprement le premier lait d'une vache qui a nouvellement vêlé. Il est bien certain qu'on n'a pas pu donner ce nom à un hameau. Il faut donc lire Beest et sous-entendre le mot hock ou voeder. C'est alors *le hameau du pacage*. Cette observation s'applique au mot bost qui signifie *fagot*. Le hameau des fagots n'aurait rien de ridicule ; néanmoins le hameau du bois, bosch, nous paraît unedénomination plus simple et plus recevable. Blauwschuer, *la grange bleue*. Château de Spoelberg. Galgenberg, *mont du gibet*. Holspoel, *marais du bas-fond*. Terdunck, *le donk*, connu vers 780 sous le nom d'*Odenca*. Mir.

LOUPOIGNE.

Lupum, 1142, MIR ; *Loupoigne*, 1182, GRAM ; *Loppoing*, 1690, T. B ; *Lopogne*, 1560, MIR ; *Loupogne*, *Lupun*, GRAM.

Cette commune est située sur la Dyle et le Fonteny. Nous avons vu que la finale aigne signifie *eau*, et que oigne n'est qu'une modification de aigne. Lup-oigne signifie donc *ruisseau des loups*. Or, les loups ont dû être autrefois très-communs dans nos contrées, surtout aux environs des grands bois, puisque les Annales de l'abbaye de Sᵗ Ghislain établissent qu'en 1428, il y avait encore attachés au duc de Bourgogne des louvetiers et loutriers dont le nombre était considérable. Loupoigne n'a point de hameau.

LUBBEEK.

Liebbeca, 1040, MIR ; *Libbeca*, *Lithbeche*, 1159, Cart. T ; *Liberti Palus*, GRAM.

Cet appellatif est interprété par Grammaye comme signifiant

marais de Libert. Lubbeek est mentionné dans la charte de l'empereur Henri III de l'an 1040, sous le nom de Lietbeca in pago Brachbantense. Nous ferons observer que le mot beek, n'a point et n'a jamais eu l'acception que lui donne Grammaye. Liebbeek ne signifie pas autre chose que *ruisselet agréable*, des mots allem. *Liebbach.*

HAMEAUX.

Ste Gertrudendries, *pâturage de Ste Gertrude.* Grootendries, Grottenbosch, *grand pâturage, grand bois.* Wauwerdries, *pâturage de Wauver,* ou bien lisez Wouwerdries, *pâturage où il y a de la gaude* (plante). Wayeberg, *monticule où il fait du vent.* Geestbeek, *ruisseau au lit sablonneux.* Rosmarinhove, *ferme du romarin.* Dunberg, *colline.* Heide, *bruyère.* Heerendael, *vallée des princes.* Droogenhof heiken, *petite bruyère de la ferme sèche.* Turkegem, *hameau du turc.* Braekom, *hameau des jachères.* Bois de Bethléem. Château de Braecom. Divenhof, *ferme des voleurs.* Lammerhof, *ferme des agnelets.* Ferme de l'abbaye. Hof ter meeren, Aerdebrugge, deux noms de ferme. Korenberg, *le mont au blé.* Mont St-Martin. Uylkot, *trou du hibou.* Gelleberg, *mont jaune.*

MACHELEN.

Machele ou *Machela,* 1210, 1224, M_{IR}; *Macle,* 1235, 1272; *Magle,* 1346; *Macla Sta Gertrudis,* 1224, M_{IR}.

Cette commune est située sur la Woluwe. Son nom vient du bas-latin *Machale, Macholum,* d'où les mots romans *machal, machaut,* qui signifient *enceinte murée, grange sans toit, magasin.* Comme la voie romaine traversait ce village, il ne serait pas impossible que son nom nous révélât un *horreum* ou *grenier d'abondance.* Les substructions et le grand nombre d'antiquités romaines découvertes en ce lieu donnent quelque poids à cette supposition. Selon Wendelin, c'est aussi à un *machale* que la ville de Malines (Machelen) doit son nom.

MALDEREN.

Malre, 1125, 1258, 1455, W ; *Maldere,* 1565 ; *Malderen,* 1675 ;
Maldere, 1560, Mir.

Le nom de ce village situé à l'un des points extrêmes du Brabant
vers la Flandre orientale, signifie *lisière, borne,* synonymie qui lui
est des plus applicables. Cet appellatif vient du mot allemand *mäler,*

HAMEAUX.

Santval, *vallon sablonneux.* Boekxheide, *bruyère du hêtre.*

MALÈVES-Ste-MARIE-WASTINES.

Malevia, 1277, Mir ; *Malaive,* 1560, id.

Un ruisseau dit le Ry arrose ce petit village qui ne comptait que
27 maisons lors du recensement de 1526. Ce ne sont que marécages
du sud au nord le long de ce ruisseau. Les eaux séjournent et se
corrompent dans cet endroit ; de là son nom *mauvaises eaux.* Voy.
Roq. aux mots mau, male, mal, *mauvais,* et eve, ewe, *eau, aqua,*
ainsi que les Prolégomènes.

HAMEAUX.

Ste-Marie. Wastines, *lieu inculte, désert.* Voy. Roq. à ce mot qui
est le même que le flamand *woestyn,* l'allemand *wüst,* le bas-latin
wastum.

MARANSART.

Rothem, Rutha, 968, Mir F ; *Rotthem,* 1304, id ; *Mariansart,*
Sartum Mariæ, 1304, Mir, Gram.

Le nom primitif de cette commune était Rothem ou Rodhem,
Ruta, c'est-à-dire *demeure de l'essart.* En 1304, on y érigea une

10

chapelle en l'honneur de la Mère de Dieu, ce qui fit qu'on l'appela depuis *l'essart, le village de Marie.*

HAMEAUX.

Le Centre. Collinet, *petite colline.* Croissant et Anogrune sont deux noms de ferme.

MARBAIS.

Marbasia, 1101, Mir; *Marbais,* 1160, id; *Marbaix,* 1260, id; *Marbais,* 1372, id; *Marmebais,* 1155, id; *Marbais,* 1560, id.

Nous considérons cet appellatif comme pur roman. A la naissance de la langue romane, c'était l'usage (il était emprunté à la langue poétique des latins) de faire précéder le nom par le qualificatif, usage qui s'est conservé jusqu'à nos jours à la campagne, et parmi le peuple des villes, qui dit encore tous les jours un blanc bonnet, un noir chapeau, un vert mont, etc. Ainsi qu'on peut s'en assurer par la forme de ce nom en 1260, le radical *bais,* qui termine aujourd'hui cet appellatif n'est qu'une altération de *baix,* qui signifie en roman *marais.* Mar dans la même langue romane est identique à *grand* (major). Marbais veut donc dire *le grand marais.* Voy. Roq. aux mots cités.

HAMEAUX.

Champs Dandois. Les monts. Petit-Marbais. Le trou monnetiaux. Par delà l'eau. Le Thil, c'est le nom du petit ruisseau qui arrose l'endroit. La croix. Bois de la hutte. L'aloux, *l'alleu.* Voy. l'article. Mont-St-André. Rue du Berceau. Dreumont, *gros mont.* Voy. Roq. au mot *dru, drue.* Catalogne et Ste-Hélène sont deux noms empruntés à la géographie.

MARILLES.

Marilla, Gram; *Marilia,* T. B; *Marille,* 1560, Mir.

Cet endroit ne comptait que 21 maisons en 1526. Il s'y trouve des carrières de pierres à paver. Son nom semble venir de *margila*, *marnière*.

HAMEAUX.

Fontenal ou Fontenalle, mot roman-wallon qui signifie *petite fontaine*. Sausoy, *saussaie*. Broux de Gentissart et de Niellon, *bosquet de Gentissart et de Niellon*. Ce mot peut être aussi une altération de Breu, qui a la même signification.

MAXENZEELE.

Masensele, 1160 ou environ ; *Masenzele*, 1284 ; *Masele*, 1640, W.

Cet appellatif est synonyme de *sala* ou *demeure*, *établissement de Maximilien*, nom du premier fermier ou colon.

HAMEAUX.

Driesche, *pâturage communal*. Vossendries, *pâturage communal* dit *des renards*. Schaepenhuissel, *prairies des moutons*. Leperstraete, *hameau du bord, de la lisière*. C'est là qu'est la limite entre le Brabant et la Flandre.

MEENSEL-KIESEGHEM.

Menseel, 1333, Mir ; *Kiesken*, 1560, id ; *Kiesecom*, id.

Cet appellatif est synonyme de *manse*, *demeure d'Herman* (maansel) ou *de Memin* (meenseel).
Kieseghem veut dire *maison du chapitre* (corps ecclésiastique).

HAMEAUX.

Neckerspoel, dont il est fait mention dans Miræus à l'an 1333, *marais des Nickers*. Mont d'argent. Kruiskensdriesch, *pâturage communal de la petite croix*. Terbeek, *au ruisseau*. Nysselrode, *essart de Denis* (Nyssjes).

MEERBEEK.

Merbecka, 1117 ; *Merbecca*, 1120 ; *Merebecloa*, 1121 ; *Merbeca*,
1148, 1241 ; *Meerbeke*, 1257 ; *Merbeke*, 1241.

Le mot meer, meere ne signifie pas toujours en flamand *marais ;*
il a aussi la valeur de *limite, pael, terminus, limes.* Voy. Kil. à ce
mot. Meerbeek signifie ici *ruisseau de la limite*, parce que ce ruisseau faisait la démarcation du comté de Brabant.

HAMEAUX.

'S Gravenbosch, *bois du comte.* Duivelsbosch, *bois du diable.*
Beyssem (Bergesem, 1112, Mir.), était autrefois une dépendance de
Meerbeek. Voy. cet article. Il signifie *hameau du monticule.*

MELCKWESER.

Nous n'avons trouvé le nom de cette commune cité dans aucun
diplome. C'est que probablement aucun acte important ne s'y est
passé. Elle était située sur la voie romaine qui reliait Tirlemont aux
villes de St-Trond et de Tongres. Son nom est horriblement défiguré. Myl-wyzer (car c'est cela qu'il faut lire) signifie littéralement
cadran, indicateur milliaire, de même que uur-wyzer veut dire *cadran, indicateur de l'heure.* Ce mot a pour premier radical *myle* en
flamand, *meile* en allemand, *mil* en bas-breton. En gallique il a la
même signification. Le nom de ce modeste village signifie donc
borne milliaire, et c'est à un *cippus lapideus* romain qu'il doit sa
dénomination. Le village actuel d'Orsmael n'existait point probablement à l'époque romaine. Ce n'était qu'une dépendance de Melcwe-
ser, car c'est sur le territoire actuel d'Orsmael que passait la voie
romaine dans le village dont nous nous occupons ici. On sait qu'à
l'aurore du christianisme, la croix remplaça partout l'aigle romaine
sur les bornes milliaires.

Cette commune n'a point de hameau.

MELDERT.

Villa Meldricis, 640, Mol; *Insula Meldricis*, id; *Mayard*, *Meldert*, 1287, 1333, Mir; *Maldaria*, Wast; *Meldaria*, *Meldaert*, Mol; *Meldrishem*, *Meldradum*, Ac. SS; *Maillard*, Gaz.

L'histoire de l'église de Meldert fournit à l'hagiographe Molanus toute une petite légende qui nous donne en même temps la clef de plusieurs étymologies historiques. On y voit d'abord que le nom latin de Meldert est Meldricis villa ou Meldricis insula, c'est-à-dire *la villa* ou *l'île de Meldric* (Meldrishem)

Ste Hermelinde qui est honorée tout particulièrement à Meldert, était née de nobles parents à Odenca, qui est, selon Molanus, Terdunck, près de Lovanioul.

La jeune Hermelinde avait voué et consacré à Dieu sa virginité depuis douze ans, quand se trouvant un jour à Bevecum, deux frères qu'enflammait sa beauté, voulurent se livrer envers elle à des actes de violence et attenter à sa pudeur: Un ange lui apparut en cet instant de suprême danger et lui ordonna de fuir dans l'île de Meldric, (jussit ut in Meldricem vicinam insulam recederet); ce qu'elle fit. Là elle continua à vivre saintement dans la prière et le jeûne, et y mourut à un âge avancé. Ce ne fut qu'un demi siècle après sa mort que des miracles révélèrent la sainteté d'Hermelinde. Pepin, père de Ste Gertrude, fit alors relever son corps, c'était vers l'an 640, et fonda, à cette occasion, un couvent de moniales dans ce village, le dota richement et y préposa quelques prêtres qu'il tira d'un monastère établi par St Bavon, seigneur de la Hesbaye, sur une montagne voisine appelée en flamand Calfmond, dit Molanus, (in monte vicino qui teutonicè dicitur Calfmondt.) Molanus aurait dû dire qui s'appelle en français Calmont, car le nom teutonique de Calmont ou Chaumont est *Kaelberg*. Voy. l'art. Chaumont-Gistoux.

L'île de Meldric n'existe plus dit Molanus. Ce lieu s'appelle Meldaria. Il est près de Hougarde et des endroits que nous venons de citer : Ter Dunck, Calmont et Bevecum. Cette île a pu se trouver au centre du village. On y voit deux ruisseaux assez rapprochés l'un de l'autre.

HAMEAUX.

Houdsem, hameau commun au village de Willebringen, *demeure du vieillard*. Overhem, *hameau supérieur*. Babelom, *Babylone*, nom emprunté à la géographie. Keulen (hem?), *hameau aux orchis*, plante tubereuse.

MELIN.

Melin, 922, 948, Mir; 1359, id; *Milla*, Gram; *Melin, Meylam, Melain*, 1560, Mir; *Melyn*, 1620, T. B.

On ignore si ce nom est roman ou une romanisation du flamand. De là naît la difficulté de l'interpréter. Il peut être la traduction de Melhem, *la demeure de Melchior*, ou de Mylhem, *village de la borne*. C'était peut-être la limite d'une ancienne seigneurie ou circonscription.

HAMEAUX.

Hussonpont, *pont de Husson*. Sart-Melin, *défrichement de Melin*. Maisons du bois. Cinq étoiles. Critique. Bonne culture. Chapelle au bâti. Gobertange, *fossé Gobert*. Voy. Roq. au mot *anges*. Chaviat, nom de ferme.

MELLERY.

Meleri, 1320, Gram; *Melioracum*, id; *Melerie*, T. B.

Cette commune est située sur le ruisseau le Til ou Thil. Le mot roman *melle, mierc* répond au mot flamand *merck*, et signifie comme lui *limite*. Nous avons vu que *ri*, abréviation de *rivulus*, signifie *ruisseau*. Melleri est donc identique à *ruisseau de la limite*. Or, c'est à Marbais, dernier village du Brabant vers le Hainaut, distant de quatre kilomètres de Melleri, que le Thil prend sa source, et coule vers le village dont nous nous occupons ici.

Toutefois ajoutons que Melle-ri peut aussi signifier *ruisseau des merles* ou *des milans*.

Cette commune n'a point de hameau.

MELSBROECK.

Melbroeck, 1096; *Melbruc*, 1118, W; *Meltbruck*, 1154, Mɪʀ; *Melbruke*, 1160, id; *Melbruc*, 1154, Cart. Sᵗ Bav; *Melbroe*, 1174; *Meldebroeck*, 1240; *Meldbroec*, 1319; *Meltbroeck*, 1435, W.

Le nom de cette localité signifie *marais aux arroches*. Il a pour premier radical le mot allemand melde, *arroche, bonne dame*, et pour second le mot broek, *marais*.

HAMEAUX.

Het Neerhof, *la ferme basse*. Het Passiestraetken, *la petite rue de la Passion*.

MERCHTEN.

Merchtinis, 1120; *Merchtene*, 1148, W; *Mercten*, 1198, Mɪʀ; *Merchten*, 1241; *Merchtenis*, 1244; *Merchtines*, 1245; *Mergten*, 1251; *Merglines*, 1254; *Merghtena*, 1294; *Merchtem*, 1314; *Merchtenen*, 1384, 1391; *Merchtem*, 1686.

Le nom de ce village, dont le territoire offre de nombreuses traces du séjour des Romains que M. Wauters explique avec un rare talent, signifie *village du marché* (Merckt-hem). C'était, d'ailleurs, un endroit très-peuplé au moyen âge. Il fut élevé, en 1251, au rang de ville franche. La voie consulaire d'Assche à Malines passait dans ce vicus. Il en partait un diverticulum vers Bruxelles. Ces circonstances nous permettent de supposer que ce fut dans l'origine un petit *forum* romain qu'on appelait aussi *mercatus*.

HAMEAU.

Breestraet, *large voie*. Cette dénomination nous révèle la voie romaine qui traversait ce village. De potteveld, *le champ aux pots ou aux poteries romaines.* Kalkhove, *four à chaux, chaufour.* Molewyck, *quartier du moulin.* Ten-houte, *le bois.* Weynberg, *le mont sacré.* Boschkant, *le quartier du bois.* Terlinden, *les tilleuls.* Paddenbroeck, *marais des crapauds.* Himme ram, *bélier bélant.* Merchtemschedries, *vaine pâture de Merchtem.*

MESSELBROEK.

Messelbroeck, Misselbroeck, 1282, 1541, Mir; *Messelbroeka,* Gram.

En flamand comme en roman, le mot mesel signifie *lépreux, leprosus.* On sait qu'au moyen âge il y avait toujours hors des villes des hôpitaux où l'on reléguait ces malheureux ainsi que les pestiférés. Il existait peut-être à Messelbroeck un nosocome de ce genre. Il peut encore se faire que cet endroit situé sur le Demer à égale distance de Diest et d'Aerschot ne doive son nom qu'à l'insalubrité de son sol. Littéralement cet appellatif est identique à *marais des lépreux.*

Hameaux.

Maestraet, *rue Thomas* ou *de la Meuse.* Dans cette dernière acception, ce serait un nom emprunté à la géographie, car ce n'est pas la Meuse mais le Demer qui passe en cet endroit. Lange en puttestraet, *rue longue et du puits.* Kriekelberg, *mont des sauterelles.* Selon Piot, historiographe de Louvain, ce serait le Kreukenberg, *le mont des coquillages.* Or, on sait que la mer a baigné anciennement ces lieux.

MEYSSE.

Meysse, 1152, Mir; *Mense,* 1138, 1256, id; *Menz,* 1147, 1171, 1222, 1227, id; *Meinsa,* 1253, id; *Menze, Menza,* 1176, 1180, W; *Mence,* 1223; *Meysse,* 1435, id.

Cette commune était déjà connue en 1152. Miræus cite à cette époque l'altare de Meysse cum appendiciis suis Opehem et Rode. Mensa signifie *tombe, table de pierre.* Voy. Ducange à ce mot. Meysse est identique à *mansion, hôtellerie, taverne.* Comme cet endroit se trouvait sur la voie romaine qui allait d'Assche à Malines, il a pu s'y trouver une taberna ou mansion romaine. C'est de ce mot meysse que vient celui de *meyssenier man,* ténancier, mansionnaire.

HAMEAUX.

Sᵗ-Brixe Rode, *défrichement Sᵗ-Brixe.* Eversem, *hameau des sangliers.* Nieuwrode, *nouvel essart.* Limbosch (Lindbosch), *bois de tilleuls.* 'T Guldendal, *la vallée d'or.*

MOLENBEEK-Sᵗ-JEAN.

Mollenbeek, 1096, MEI ; 1227, MIR ; *Molenbeke,* 1174 ; *Molenbeca,* 1174, id.

Sur la Senne. C'est-à-dire *paroisse Sᵗ-Jean sur le Molembeek* ou *ruisseau du moulin.* Ce nom trivial de ruisseau du moulin a remplacé en Brabant et en Flandre une foule de dénominations de ruisseau, perdues pour la plupart, et qui ne laissaient point, sans doute, que d'avoir leur côté instructif. Ici aussi ce fut un moulin qui donna son nom au cours d'eau qui le faisait mouvoir, et le ruisseau a donné à son tour son nom au village.

HAMEAUX.

Osseghem (Ossenhem, 1315), *la bouverie.* Le village. Faubourg de Laeken.

MOLENBEEK-WERSBEEK.

Molenbeke, 1120, 1340, MIR ; 1380, 1392, id.

Ces deux appellatifs composés signifient *ruisseau du moulin, ruisseau de la garde* (Weerebeek). Voy. l'art. Mollem-Bollebeek.

HAMEAUX.

Driestraet, *hameau du pacage communal*. Moortebeek, *ruisseau des morts*. Doornhaege, *bois d'épines*. Muggeberg, *mont aux cousins, aux moucherons*. Merlennest, *gîte, nid des merles*. Heiblok, *enclos de la bruyère*. Carleveld, *le champ de Charles*, ou Careveld, *le champ aux briques*. Château de Moortebeek. Leeneuberg, *mont des fiefs*.

MOLLEM-BOLLEBEEK.

Molenhem, 1126; *Molnhem*, 1272; *Bolenbeke*, 1555;
Bolebeca, 1106, W.

Le nom de cette commune est des plus simples. Il signifie *hameau du moulin*. Quant à Bollebeek, ce mot a pour premier radical le verbe bollen qui veut dire *s'enfler*. C'est donc un ruisseau qui s'enfle et déborde. Wauters l'appelle *le ruisseau du taureau* (bol).

HAMEAUX.

Sleeuw-haghen ('S leeuwhagen), *les haies* ou *les bois du ruisseau*. Velm (Vel?), *ruine*. Vrylegem (Vrilenghem, 1229, Frilegem, 1169, Vryleghem, 1403, W.). Que l'on veuille bien remarquer que vryl ou vril est un radical qui n'existe pas dans la langue flamande. La lettre *l* serait ici encyclique, de sorte qu'il faudrait lire Vryegem, *hameau franc, exempt de tailles et d'impôts*. Mais, comme il y avait dans ce village un grand nombre de fiefs, ainsi que nous l'apprend M. Wauters, nous estimons qu'il faut lire Vryleengem, *hameau du franc fief*.

Un fief était un domaine noble, *leen*. Un fief dominant, c'est-à-dire dont relevaient d'autres fiefs, se disait *hoofdleen* et *opperleen*. Un fief servant que tenait un vassal, *onderleen;* enfin, un franc fief, c'est-à-dire un fief possédé par un roturier, se disait *vryleen*.

Waerebeek, *ruisseau de la garde, du poste de défense*. Il faut savoir que très-anciennement les limites d'un pays, d'un comté, d'un marquisat, d'un duché devaient être gardées par les habitants et sujets. Les ordonnances de l'empereur Charles-le-Chauve de l'an 864 portaient : « Ut illi qui in hostem pergere non potuerint, juxtà antiquam et aliarum gentium consuetudinem, ad civitates novas, pontes et transitus paludinis operentur et in civitates atque in marctas wachtas faciant. » On sait qu'en Prusse la milice citoyenne chargée de défendre les frontières porte encore le nom de *Landwher*.

MONSTREUX.

Villula Monasteriolum, 877, Ch. de Charles-le-Chauve ; *Monasterioul*, 897, Mɪʀ ; *Monstrols*, 1047 ; *Monstrolium, Monstreul*, 1692, T. B.

Cette commune est située sur la Thines. Elle compte un peu plus de 300 habitants. La tradition rapporte que le duc Pepin aurait reçu le jour dans cette commune. Son nom veut dire *petit monastère*. Il y eut, en effet, à un temps reculé, une petite abbaye, celle de Sᵗᵉ Gertrude. Le nom d'un de ses hameaux la rappelle, c'est *la ferme de l'abbaye*. Les autres hameaux sont wayes et wailles qui désignent des *vallées aquatiques*. L'une d'elles est arrosée par le ruisseau des corbeaux. Voy. au surplus l'art. Nivelles.

MONTAIGU, *fl.* SCHERPENHEUVEL.

Mons Acutus, Collis Aspera, 1066, Mɪʀ ; *Mont-Aigu*, 1560, id.

A l'énonciation du nom de cette commune, on s'attend à voir une colline terminée en pointe. De l'avis de Juste-Lipse, ce serait tout simplement une *colline aride, avare, où rien ne vient*. Scherp, *perparcus, præparcus*, a en effet cette signification en vieux flamand. Voy. Kil. à ce mot.

Nous croyons néanmoins devoir faire observer ici qu'il est de ces synonymies sanctionnées par le temps et par l'autorité des siècles que l'on ne peut nier sans s'exposer au reproche de pédantisme. Le nom français d'ailleurs a une signification trop claire pour ne pas le considérer comme la vraie synonymie de Scherpenheuvel.

Hameau.

Groenhoven, *vertes fermes, verger.*

MONT St-ANDRÉ:

1560, Mir.

Cette commune située sur la grande Ghète a retenu son nom du patron du lieu. C'était autrefois une terre franche.

Hameaux.

Bomelette, *petit Bomal*, village limitrophe. Petit et grand warichet. Warichait du fay, *du hêtre*. Grande et petite Coyarde. Kooyaerde, en flamand, est une *bergerie*. Voy. Kil. à ce mot. Laloux ou l'Aloux, *l'alleu*. Voy. l'art. Lillois-Witterzée.

MONT St-GUIBERT.

Mont St-Wuibert, 1123, 1185 ; *Mont St-Wibert,* 1136, Mir ; 1307, B. Y ; 1372, Mir ; *Kuimont,* 1204, id.

C'était un mont inculte qui a pris le nom de St-Guibert à l'occasion de la translation du corps de ce bienheureux en l'an 1116. Cet endroit fut pris et brûlé par les troupes du comte de Flandre en guerre avec celui de Hainaut en 1185. Il n'avait que 21 maisons en 1526.

Hameaux.

Bruyère. Vivier-le-Duc. La fosse. Laid bigaur.

MUYSEN.

Mosenchem, 1145, Mir ; *Myntem,* 1560, id.

Le nom de ce village est identique à *demeure dans la boue, dans le bourbier*, mose en flamand étant synonyme de slyck. Il conviendrait d'écrire Muyshem ou Moshem. Le village est sur la Dyle et sa situation semble confirmer cette étymologie.

HAMEAUX.

Venne, *tourbière*, Werfheide, *bruyère de la digue*. Voy. Hoc. au mot werf. Hofstade, *maison de campagne*. La Dyle. Annelie, nom de ferme.

NEDEROCKERZEEL.

Hocensela, 1076, Mir; *Hockesele*, 1154, 1155, 1179; *Ockesele*, 1225; *Hockensele*, 1275, 1283, 1292; *Hockensele inferior*, 1279; *Nederhockesele*, 1284; *Nederockezele*, 1471, W.

Cet appellatif qui veut dire Bas Ockerseel, a pour premier radical hock, *colonie*, et pour second le mot zele, zeele, *place, endroit*. Voy. l'art. Steenockerzeel.

HAMEAUX.

Casimirs-hoek, *hameau de Casimir*. Dries, *pâturage commun*. Balkestraet, *rue de la poutre*. Lest (leese), *la plaine*. Te dike. Voy. Ockerseel.

NEDERHEEMBEEK-OVERHEEMBEEK.

Heimbecha, 673, Mir; *Hembeka*, 1057, id; *Heembeca*, 1147; *Hembec*, 1149; *Hembeche minor*, 1155; *Heinbec*, 1155; *Henbeca*, 1173, 1198; *Hembecca*, 1179; *Heenbecca*, 1224; *Heembeke superior et inferior*, 1284; *Nederheembeke, Overheembeke*, 1435, W.

Cette commune est située sur la Senne et le canal de Bruxelles au Ruppel. Son nom veut dire *Bas et Haut Heembeek*. La synonymie de ce dernier est *ruisseau du gibier aquatique*. Il a pour premier radical *hoen, heen*. Voy. Kil. à ce mot.

HAMEAUX.

Le marly, c'est le nom d'une auberge. Beyseghem, Bisenghem, 1286, Bizeghem, 1620, *hameau de la jonchaie* (bies). Wimpelberg, *la montagne des étendards*, ainsi nommée en souvenir de la terrible bataille qui termina la longue guerre dite de Grimberghe.

NEDERHEYLISSEM *ou* NEERHEYLISSEM.

937, Mir ; 1433, id ; *Helechsem*, B. Y ; *Helichem*, 1131, Gaz ; *Elisem, Elisemium, Elishemium*, Gram.

Nederheylissem et Opheylissem ne faisaient encore qu'un seul village en 1131, époque où il y fut fondé une abbaye de l'ordre des Prémontrés. Plus tard il fut divisé en haut et bas Heylissem.

Son nom est identique à *demeure d'Élisa* ou *d'Élie, Eliæ domus*, dit Grammaye. Néanmoins cet appellatif peut avoir aussi pour cause la situation locale. Hel-is-hem signifierait *le village sur l'eau profonde*. Or, il est situé sur la petite Ghète. Voy. l'art. Opheylissem.

HAMEAU.

Ardevoor (aerde), *sillon, plaine*.

NERLINTER.

Lintere, 1190, Mir ; *Nederlintere*, 1234, id ; *Lintra inferior*, Gram ; *Neerlintere*, 1415, Mir ; *Linthere inferior*, 1443, id.

Ce nom veut dire Bas-Linter. Ce dernier mot est une légère altération de Lind-ere, *endroit, place des tilleuls, tilloi* en roman. Nous avons déjà eu l'occasion de faire remarquer que le tilleul ainsi que le hêtre et le chêne sont des arbres éminemment belgiques.

HAMEAUX.

Heide, *bruyère*. Rambergh, *mont du bélier*. Driessen, *les pâtures vaines, communales*.

NEERVELP.

Felepa, 746, Mir ; *Velpra inferior*, Gram.

C'est-à-dire *Bas-Velp*. Voy. pour la synonymie l'art. Opvelp.

HAMEAUX.

Molenstede, *place des moulins*. Miugelo, altération de Minke-loo, *bois rasé*.

NEDERYSSCHE.

Nerisca, 1125, Mir ; *Nederysscha*, 1211, id ; *Iska*, 1200 ;
Iska inferior, Gram.

Cette commune est située sur l'Yssche ou Isque qui lui donne son nom. Elle est en aval d'Overyssche, ce qui motive la dénomination de Bas Isque. Voy. au surplus cet article.

HAMEAUX.

Wolfshaege, *le bois du loup*. Langerooden, *longs essarts*. Dyssche (de Yssche), *la Isque*. Eygen, *l'alleu*. Gansmansstraet, *hameau des oiers, des marchands d'oies.*

NETHEN.

Nethenes, 1171, Mir ; *Nethœ*, 1173, 1186, id ; *Nethenes*, 1190, id.

Ce petit village est situé sur un des affluents de la Dyle dans un bas-fond. Son nom est synonyme de *demeure aquatique.* Le mot nat, net, qui signifie littéralement *marécageux, aquatique*, vient de la langue des Franks. Voy. Hoe. et Kil. au mot netten, *madefacere, mouiller.*

HAMEAUX.

Wez (Wys, 1360, Mir.), *le gué.* Beaumont.

NIEUWRODE.

Noweroi, 1186, Mir ; *Rode,* 1228, id ; *Nurode,* 1235 ; *Nuerode,*
1254, id ; *Nuwerode,* 1435 ; *Novum Rodium,* Gram.

Le nom français de ce village est Nieuroi. Il est identique à *nouvel essart, nouveau défrichement.*

HAMEAUX.

De biest, *la jonchaie.* Hasselaer, *la coudraie.* Rot (rode), *le défrichement.* Ter heide, *la bruyère.* Kriesberg, *le mont du centre.* Château de Horst. Ferme de Lutelkot, *de la petite chaumière.*

NIL-St-VINCENT, St-MARTIN.

1511, T. B ; *Niela, Nilum, Nil-St-Vincent, St-Martin,* 1560, Mir.

Ces deux communes sont limitrophes et n'en ont fait qu'une seule
anciennement. Elles tiennent leur nom d'un ruisseau appelé le Nil,
qui prend sa source à Walhain (au hameau de Sart), et dont la
course est des plus sinueuses et des plus remarquables. En effet, il
se dirige d'abord de Walhain jusqu'au centre de Tourinnes-les-Our-
dons en coulant du sud au nord. Là il prend sa direction vers
l'ouest, se réunit au ruisseau de Walhain à l'extrémité de ce village,
puis coule de nouveau du sud au nord, et traversant St-Lambert, il
va atteindre le hameau de Libersart du village de Tourinnes. Après
avoir coulé quelques centaines de mètres de l'est à l'ouest, il remonte
tout à coup dans la direction du sud au nord-ouest. De ce point, où
l'on voit deux tombes romaines, il poursuit son cours du nord-est
au sud-ouest, et va se jeter dans l'Orne à Blanmont, au hameau des
montagnes, après avoir baigné Nil-St-Martin, Nil-St-Vincent. On ne
peut pas prétendre que c'est le ruisseau qui reçoit son nom de l'un
de ces villages, puisqu'il porte le sien avant d'y entrer. Le mot Nil
est une énigme. Peut-être est-il un emprunt à la géographie, s'il est
permis de comparer les petites choses aux grandes.

Nil pierreux. Nil la pierreuse, ainsi appelé des pierres qui s'y trouvent. Nil l'abbesse. On lui a donné ce nom parce que c'était autrefois une propriété de l'abbaye de Ste Gertrude de Nivelles. Nil liévreux. Ce nom nous rappelle la *vallis leporis* de l'Alsace. Les hayettes, *les petites haies.*

NIVELLES, *fl.* NEVEL.

Nivella, 650, Mei ; 690, Mir A ; *Nivela*, 1096, Mir ; *Nivigella*, 1096, Mei ; *Niviolum, Nivellia, Niviella*, 1260, Mir ; *Nivigella, Nivigela, Nivialum, Nivellæ*, T. B ; *Niviala*, Wast.

Un monastère de femmes fut fondé en ce lieu par Itta ou Iduberge, veuve de Pepin de Landen, vers l'an 650, dans un palais qu'habitait Pepin au temps de sa vie.

On croit que les Romains réunis aux Franks par la crainte des peuples barbares, et forcés d'abandonner certaines positions et des villes qu'ils occupaient, se refugièrent dans cet endroit, qu'entourait de tout côté la forèt de Sone. Ils y auraient construit un fort vers la fin du VIe siècle ; de là son nom Nieuw-hal, New-hel, *nouvelle mansion, nova taberna.* Mais, si l'on considère l'état d'épuisement de la puissance romaine à l'époque qu'on vient d'assigner à la fondation de Nivelles, il paraît tout aussi probable que le *nouveau palais* (car telle est encore la valeur de hal, *aula, atrium*, voy. Kil.), a été l'œuvre de l'un des prédécesseurs de Pepin de Landen. Un pavé retrouvé à plus de vingt pieds de profondeur ne laisse aucun doute sur l'antiquité de cette ville.

Elle fut entourée de murailles en 1270, sous l'abbesse Elizabeth de Brugelette. Elle fut prise et pillée en 1356 par les Flamands. En 1526, elle comptait 1004 maisons, 5 hôpitaux et 5 couvents.

Bois de Nivelles. Grambais, *grand marais.* L'Ardenelle (villa ardinella, 992, ch. de l'empereur Othon III, Ardenella). Hollers, ce nom parait une romanisation de hollaer, *plaine basse.* Cet endroit est, en effet, situé dans une vallée que parcourt le ruisseau de St-Pierre. La loge. Wailles, *les vallons aquatiques.* Ce sont aujourd'hui des prairies arrosées par le ruisseau des Corbeaux. Bois du sépulcre. Château de Grambais. Laid-pâtard, Orival, la Tourette, Montifaut, Maillebotte sont des noms de ferme. La Dodaine, *grand réservoir,* ainsi nommé de deux mots romans : *Doe d'aigne,* c'est-à-dire *bassin d'eau.* Voy. Roq. aux mots *doe* et *aigne.*

NODEBAIS.

Nodenbaiz, 1280, Mir; 1560, id; *Nodebais,* 1626, T. B; *Nodebasium,* Gram.

Le nom de cette commune que traverse un petit ruisseau, est identique à Inondebaix, *marais submergé ;* car noder en roman, c'est *inonder,* et baix signifie *marais.* De là les mots romans noé, noue, *pâturage* ou *prairie marécageuse,* et nove, *terrain humide et gras, abondant en herbes où l'on mène paître les bestiaux.* En bas-latin noa, noha, noda est un *locus pascuus, sed uliginosus et aquis irriguus.* Nodebais répond donc à *Natebeemb.* Voy. ce mot. Cette petite commune, comme Hamme, village contigu, se compose encore en grande partie de pâturages. Ce village n'a point de hameau.

NODUWEZ-LINSMEAU.

Lismale, 1415, Mir ; *Linsmeau,* 1692, T. B ; *Liptain,* 1560, Mir ; *Linsain, Lissemeau,* id.

La commune de Noduwez est sur la petite Ghète. Son nom a pour premier radical le mot bas-latin noda, *pâturage aquatique,* et pour second wez, *passage, gué.* Nodæ vadum (Nodewez) est donc identique à *passage du pâturage aquatique.* Quant à Linsmal (Licemaile), c'est la traduction fidèle de Liptain (Lipthem), *clos* ou *hameau du bord, de la frontière.* Or, cette commune est située à l'extrémité du Brabant vers le pays de Liége.

Hameau.

Ladrie (ladrerie), *hôpital des lépreux*.

NOSSEGHEM.

Notengem, 1110, 1145, Mir ; *Notenghem, Notengem*, 1154 ; *Noten-gim*, 1154 ; *Notenghien*, 1172, W ; *Nosseghem*, 1415.

Cet endroit est situé aux sources d'un ruisseau qui se jette dans la Woluwe. Son nom a pour principal radical oode, par corruption nood, qui signifie *désert*. Peut-être viendrait-il mieux de noot *noyer*. C'est donc *la demeure dans le désert* ou *dans le bois des noyers*. Voy. Hoe. à ces mots.

Hameau.

Voskappel, ainsi nommé du nom de son fondateur Devos. La voie romaine passait dans ce hameau à l'endroit encore appelé d'oude-baen, *le vieux chemin*.

NOVILLE-SUR-MEHAIGNE.

Novilla, 1155, Mir ; 1301, Mei ; 1225, Gram ; 1560, Mir.

Le nom de cette commune est synonyme de *nouvelle villa, nou-velle vilette*. C'est le Novile Francorum dont il est fait mention dans quelques donations du moyen âge. La voie romaine qui fait, entre Perwez et Assche-en-Refail, la limite du Brabant actuel, sépare aussi Noville de Grand-Rosière vers le nord. La Mehaigne baigne No-ville.

Hameaux.

Dessous la vaulx, *près du vallon*. Les ormiaux, *les petits ormes*. La ferme de Ghlin. Jupleux. Cet endroit étant sur la voie romaine, son nom semble signifier Jupiter-lieu. D'autres écrivent Joplou, comme qui dirait *Jovis templum.* Une Ara, élevée en l'honneur de ce grand dieu du paganisme, a pu motiver ces dénominations. Tombe de Noville. C'est un tumulus romain. La Visoule est le nom d'un petit ruisseau.

OETINGEN.

Le premier radical de cet appellatif est oed, oeden, le même mot que ydel, udel, ood, qui, selon Hoeufft et Kilian, signifie *vide, stérile, vacuus, inanis.* L'ensemble de ce nom désigne donc des *plaines* ou *prairies vides et désertes* Ce village n'est cité nulle part. C'était probablement un appendice d'une commune voisine.

HAMEAUX.

Vrankryk, *France,* nom de fantaisie emprunté à la géographie. Berg, *mont.* Gracht, *fossé, limite.* Bleynkeer (Blyenkeer), *tour gaie.* Turqueyen, *Turquie.* Hollande et Hal, mots empruntés à la géographie. Heetveld, *champ brûlant.*

OHAIN.

Ohen, 1560; *Ostanium,* 1600, GRAM.

Ce nom est la romanisation de Oosthem, l'Ostanium de Grammaye, qui signifie *village à l'orient.* Voy. Roq. au mot *o, ost.*

HAMEAUX.

Imohain, *bas Ohain.* Racine, *imus* mot latin, *bas.* Hannonsart, *défrichement d'Hannon.* Caubrire-Odimont, nom de ferme. Château d'Argenteuil, autrefois Argentéal. Route du Mont-St-Jean à Tervueren. A la Marache. Une marache est une *terre plantée en légumes.* De là vient le mot maraicher, marager, jardinier qui cultive un marais ou maraiche.

OISKERCQ.

Ocecerche, 1106, Cart. d'Affligem ; *Ozkarka*, 1138, Charte de Godefroid apud W ; *Orchekirche*, 1192 ; *Ooskerke, Oeskerk*, 1435 ; *Os-
kerka*, T. B ; *Fanum Australe*, GRAM ; *Oostkerke*, 1560, MIR.

Cet appellatif signifie littéralement *église, paroisse à l'orient*, par
opposition à Steenkerque, situé à peu de distance de là dans le Hainaut. Il conviendrait de rétablir l'onomastie flamande en écrivant
Oostkerke.

HAMEAUX.

Rossignol. Bruyère.

OIRBEEK.

Orbeka, 1234, MIR ; 1560, id.

Oir n'est pas autre chose qu'une altération du mot flamand *oor,
or*, lequel est pour *over*. Oirbeek est donc identique à *ultrà rivu-
lum, au delà du ruisselet*. La partie nord de ce village est bornée par
un ruisseau, formé du Jordanschebeek et de la Geyendelle, appelé
aujourdhui Ruisseau du moulin.

Cette commune n'a point de hameau.

OPHAIN-BOIS-SEIGNEUR-ISAAC.

Ophemum, 1382, MIR ; *Ophanium*, 1334, T. B ; 1371, id ;
Ophain, 1440, MIR ; *Isàcq*, 1690, id.

Cet appellatif ne signifie pas autre chose que *village sur le Hain*
ou *la Hain*. Ce ruisseau s'appelait en 966 *Ippingohain*.

Quant à Bois-Seigneur-Isaac, *Buscum domini Isaaci*, la tradition
rapporte qu'il y avait dans ce bois, vis-à-vis du château d'un vaillant chevalier du nom d'Isaac, une image de la Vierge attachée tout
simplement à un tilleul. Ce seigneur, aussi pieux que puissant, ne

manquait jamais de se découvrir en passant vis-à-vis de l'image de
la Mère de Dieu. Ce généreux chevalier s'étant croisé avec son fils,
accompagna Gobefroid de Bouillon à la Terre-Sainte. Après avoir
tous deux combattu vaillamment au siége de Jérusalem, ils furent
faits prisonniers et jetés dans les fers. Ils se rappelèrent alors la patrie
et surtout la Vierge du tilleul. Ils invoquèrent sa protection. Leur
ayant apparu dans leur sommeil, la Vierge se plaignit de ce que
devant leur château d'Ophain son image était exposée aux intempé-
ries; ils firent vœu d'y ériger une chapelle pour la conserver, si,
par son aide puissante, ils parvenaient à revoir le berceau de leur
enfance et l'antique manoir de leurs pères. A peine avaient-ils fini
leur prière, que leurs chaînes se brisent, la porte de leur froide prison s'ouvre, et qu'une lumière qui les guide, les conduit hors de
tout danger.

De retour dans leur patrie, les deux chevaliers, fidèles à leur pro-
messe, firent bâtir la chapelle dans ce bois qui prit depuis le nom
d'Isaac. T. B.

HAMEAUX.

Rue du Try (Trieux en roman), *vaine pâture communale*. Rue de
la marne. Houmont, nom de ferme. Les culots, *les fonds* ou *extré-
mités*. Les pierrois. Pré aux belles pierres. Les Morlands, *les marécages*. Ce mot vient du flamand moerland. Les hayettes. Le mont.
Justice. Gripontwez, *gué, passage du Gripont*. Castor. Blanche maison. Broux, *broussailles*. Bortinchamps. Boussu.

OPHEYLISSEM.

Helissem, 937, Mᴵʀ; 1133, id; *Heylischshain supérieur*, 1135;
Hellinchines, 1243, id; *Ophelecem*, 1420.

Cette commune est située sur la petite Ghète, en amont du fleuve
par rapport à Neerheylissem, raison pour laquelle on l'a nommée
Hautheylissem. Voy. pour la synonymie l'art. Neerheylissem. Reinier de Zetrud y fonda une abbaye de Prémontrés en 1130, dans
son alleu de Kappendael.

HAMEAUX.

Les fermes de Chapeauveau et de Hampteau.

OPLINTER.

1125, 1201, 1323, MIR; *Lintra superior*, GRAM; *Oplintere*, 1415, MIR.

Située sur un affluent de la grande Ghète, le nom de cette localité veut dire *Linter en amont*, par opposition à Bas-Linter dont nous avons donné la synonymie. Voy. cet article. Cet endroit comptait 119 maisons en 1526.

HAMEAUX.

Wynmeerberg. Les deux premiers radicaux de ce nom paraissent altérés dans leur orthographe. Le dernier signifie *colline*. La borne Ste-Genoveva, *la borne Ste-Geneviève*. La légende de cette sainte est très-populaire en Belgique.

OPPREBAIS.

Opperbais, 1036; *Opprenbays*, 1079; *Opprebais*, 1084, 1189, 1327, MIR; *Palus superior*, GRAM; *Oprebaye*, 1560, MIR.

Ce village est situé sur le Chiseban et le Ry, deux affluents de la grande Ghète.

Son nom n'est pas autre chose que la romanisation du mot flamand Opperbeek, *village au delà du ruisseau*. Toute la commune est au nord de ce ruisseau qui la borne vers la partie-sud. On voyait autrefois à Opprebais un magnifique château-fort déjà tombé en ruines du temps que le baron Le Roi écrivait sa Topographie brabançonne. C'est à tort que Grammaye traduit ce nom par *Palus superior*; il aurait dû dire : *ultrà rivum*. Voy. Kil. au mot *opper, oppe*.

Hameaux.

Chiseban ou Chisebais, c'est le nom d'un ruisselet qui baigne cette partie du village. Sart Isbart. Arnelle parait être le nom d'une ferme.

OPVELP.

Felepa, 746, Mir ; *Velepe*, 1179, id ; *Opvelpen*, 1572, id ;
Velpa superior, Gram.

Cette commune est située sur la Velpe qui lui donne son nom. C'est le corrélatif de Neervelpe avec lequel elle ne constituait qu'un seul village en 746. Ces deux endroits sont d'ailleurs contigus.

Hameaux.

Molenstede, *place des moulins*. Perreveld, altéré dans son orthographe pour Peereveld, *plaine aux poiriers*. Haesenberg, *mont aux lièvres*. Vinhoef est sur un petit plateau, peut-être a-t-on dit Wynhoef, *ferme du vignoble*.

OPWYCK.

1225, Mir ; 1252, id ; 1560, id.

Le nom de cette commune est identique à *hameau, quartier élevé.* C'est encore un nom de situation relativement à ce qui l'entoure.

Hameaux.

Hulst, *endroit planté de houx et de myrte sauvage.* Droeshout, *bois du diable.* C'est sans doute un souvenir des temps druidiques. Weyenberg, *colline des prairies* (wei). Palmbroeken, *marais du bois de buis.* Mansleen, *fief mâle.* Kleye, *hameau à l'argile.* Broekstraet, *hameau du marais.* Doodstraet, *hameau des morts*, allusion à la défaite des Brabançons par les Flamands en 1356. Neervelde, *basse plaine.* Eexken (Eiksken), *le petit chêne.* Nyverscel. Le premier radical de cet appellatif paraît être un nom propre.

ORBAIS.

Orbaix, 1172, Mᴵᴿ; *Orbais*, 1175, 1179, 1185, 1219, 1330, id; 1415, id; *Orbay*, 1215, id; 1560, id.

Cet endroit est situé sur la grande Ghète. Son nom est pur roman. Il signifie *marais immonde.* Voy. Roq. aux mots *ord, ors, orz* et *baix.* Ce village n'a qu'un hameau : Odenge, *pente inculte.*

ORP-LE-GRAND.

Orp, Orpium, 695, Wᴀꜱᴛ; 714, Mᴵᴿ F; *Ardorph,* Cart. T; *Hardorp,* 1066, 1184, 1189, id; *Hardopa,* 1066, id; *Hupdorp,* 1258, id; *Orpium majus,* Gʀᴀᴍ; *Adorp,* T. B; *Oppendorp,* 1158; *Oppenthorp,* 1125, Mᴵᴿ; *Oppentrop,* 1190, id; *Orp-le-Grand,* 1560, id.

La petite Ghète baigne cette commune située à l'extrémité du Brabant vers la province de Namur. On a dit autrefois *horp, orp* pour *dorp,* comme on peut le voir dans les noms de Nordhorpe et de Rathesthorp. Le nom de Orp-le-Grand est une traduction fidèle de harddorp, hardopa, qui signifie *grand village,* ou plutôt *village-le-grand* par opposition à Orp-le-petit.

On croit que c'est le village que Falcuin, homme puissant, donna au monastère de Gembloux, l'an 950, sous le nom de Dorp en Braivibant (Dorp en Brabant). Voy. Mir. Cet endroit est encore fameux par la retraite d'Alpaide, mère de Charles-Martel, laquelle y fonda un monastère. Elle termina ses jours dans ce village et y eut son tombeau. S'il faut en croire les hagiographes, Sᵗᵉ Adilie y vivait du temps du roi Childéric.

Hᴀᴍᴇᴀᴜx.

March. Ce mot veut dire *frontière, limite.* Ce hameau est en effet situé à l'extrême limite du Brabant vers la province de Namur. Maret que donne Meunier est une erreur.

ORP-LE-PETIT.

Orp, 1280, 1321, 1446 ; *Orp-le-petit*, 1560, Mɪʀ.

Nous venons de donner à l'article précédent la synonymie du nom de ce village. Il signifie *village-le-petit*. Il n'a qu'un hameau : March ou Marche, *frontière*. Voy. Orp-le-grand.

ORSMAEL-GUSSENHOVEN.

Ostermael. 1213, Mᴇɪ ; *Goetsenhoven*, 1319, Mɪʀ.

Sur la Ghète. Grammaye traduit abusivement cet appellatif par *Ursi fundus*. Nous ne pouvons reconnaître la signification de *fundus, territoire, terre*, au mot mael. Aucun lexique ne lui donne cette acception. Nous avons vu à l'art. Dormael que ce mot est allemand. Maal ou Mahl, dans la langue allemande, signifie *borne, limite*. Ors est une altération de oost, *oriental*. Oostermael, forme de 1213, est donc identique à *la borne de l'est*. C'était en effet dans cette commune que finissait le Brabant du côté du Limbourg ; le corrélatif d'Orsmael est Esemael (lisez Westmael), *la borne de l'ouest*. Là aussi était la limite du Brabant vers la province de Liége. Voy. au surplus l'art. Esemael. Ces deux villages se trouvent entr'eux à la distance d'une lieue et demie.

Gussenhoven ou Goetsenhoven signifie *la ferme de Gossuin* ou *Goilon*. Cette commune n'a point de hameau.

OTTENBOURG.

Ottenberg, Ottenborg, 1560, Mɪʀ ; *Othonis Castrum*, Gʀᴀᴍ.

Ce nom signifie *villa* ou *château d'Othon*. S'agirait-il ici de l'empereur romain Othon qui vivait en l'an 70 de notre ère ? Nous ne voudrions pas l'affirmer. On croit généralement que cet endroit est de fondation romaine. La chose est assez probable. La forme du nom est toute romaine comme dans Cæsaris Burgus, *Cherbourg*, Cæsaromagus, *Beauvais*, Cæsaris Burgum, *Kayserborg*.

HAMEAUX.

La tombe. On voit encore une tombe romaine en cet endroit. La longue; il faut lire longe ; c'est, en roman, *une loge* ou *galerie couverte* qui joint deux maisons. Ce qu'on appelle dans ce village la longe est un endroit bas, un chemin bas entre deux monts. Voy. Roq. à ce mot.

OTTIGNIES.

Ottigni, 1183, 1187, 1225, Mir ; *Ottiniacum*, id ; *Ottengney*, 1511 ; *Otigny*, 1560, id.

Sur la Dyle. Ot, ott est l'abréviation du nom d'Othon. Ignies est la finale romane, qui répond dans les noms de localité aux radicaux flamands *ik, aek, hem, ghem*. Ottignies signifie donc *manse* ou *ferme d'Othon*. Le radical *ac* qui figure dans le nom latin indique qu'un ruisseau quelconque baigne cet endroit. Ottignies est en effet sur la Dyle.

HAMEAUX.

Petit ri, *petit ruisseau*. Blanc ri ou plutôt Bland ri, *charmant ruisseau*. Nous avons dit que le mot roman *ri* n'est que l'abréviation du latin *rivus*. La croix. Bruyères. Rue du tri. Ce dernier mot est le même que le mot wallon *trieu*, que le liégeois *trixe*. Il signifie *vaine pâture*. Il y avait dans cet endroit 100 maisons lors du recensement de 1526, et une ferme dépendant de la Commanderie de Chantraine (ordre des Templiers). Il se trouvait plusieurs autres commanderies de Templiers en Belgique, savoir à Villers-le-Temple, province de Liége, qui doit son nom à cette circonstance, à Slype et à Caster dans la Flandre occidentale.

OVERYSSCHE, *fr.* ISQUE, YSSCHE.

Isca, 832, 1197, Mir; *Ischa,* 1111; *Issa,* 1001, 1134, 1141, id;
Yska, 1220; *Ysca,* 1234, B. Y; *Yscha,* 1236; *Iske,* 1278; *Ysscha
superior,* 1234; *Overyssche,* 1435; *Isque.*

Telles sont les nombreuses formes qu'a revêtues le nom de ce petit bourg. « Lorsque notre pays habité seulement par quelques fai-
bles peuplades, était encore ce que les révolutions et les influences
climatériques l'avaient fait, la jolie rivière d'*Yssche* n'arrosait que
des prairies entrecoupées d'étangs et entourées de bois dans presque
toute leur étendue ; les premiers habitants de la vallée donnèrent
d'abord un nom au cours d'eau qui la parcourt, et d'après lequel on
nomma dans la suite deux agglomérations d'habitations d'inégale
importance qui se formèrent sur ses rives : *Nederyssche* ou *Yssche
inférieur* et le bourg d'*Overyssche*, *Yssche supérieur* ou *Yssche,
Isque,* comme on l'appelle souvent.

Cette dernière localité est bâtie sur un coteau escarpé qui fait face
au sud, sur la chaussée de Bruxelles à Wavre et à Namur. Son origine remonte très-haut, car le nom d'Isca est gaulois ; dans l'antiquité il servait à désigner deux villes importantes du pays des Bretons
(aujourd'hui l'Angleterre), *Isca Silurum, Isque des Silures* (Carleon)
et *Isca Damnoniorum, Isque des Damnones* (Exeter). Quelquefois on
le fait dériver du mot celtique *isc,* lieu bas, marécageux, ce qui ne
convient nullement à Overyssche ; d'autres identifient *ische* à l'allemand *asch, esch,* frène. » Ainsi parle M. Wauters dans son Histoire
des environs de Bruxelles, vol. III, p. 466-67.

Déjà nous avons fait entendre que, lorsqu'il n'existait point de
cause pour caractériser d'un nom spécial, d'une épithète particulière un ruisseau, une petite ou grande rivière, nos pères lui donnaient le nom le plus simple, celui qui vient à l'idée et à la bouche
de tout le monde ; ils l'appelaient *l'eau,* mot qui, à leurs yeux, était
synonyme de *ruisseau, cours d'eau.* Ces sortes de dénominations
étaient parfaitement en harmonie avec la simplicité de leurs mœurs
qui consistait à appeler toutes choses par leurs vrais noms.

Il serait inutile d'insister pour faire comprendre cette vérité. Le grand nombre de ces noms simples, naturels, parce qu'ils sont primitifs, que l'on rencontre dans tous les pays ne laissent plus aucun doute à ce sujet.

De is, die is signifie donc tout simplement *l'eau,* comme *de Leye,* la Lys, comme la Haigne (aigne), la Laek, le Ri, la Ronne signifient *l'eau, le courant.*

Si le courant d'eau avait quelqu'importance, nos pères ajoutaient le mot *er* (rivière), l'Iser (ys-er, is-er), rivière dont on trouve le nom en France, en Allemagne et en Belgique, c'est *l'eau-rivière.*

L'Aa, nom d'une grande rivière en France, et de trois rivières en Suisse, l'Aa ou l'Aade en Hollande, l'Aar en Suisse, l'Arche en Savoie ne signifient pas autre chose que *l'eau-fleuve.*

Neerysche et Overysche doivent donc leur nom à la *Is,* dont les Romans ont fait *li Ische,* l'Ische. Ce nom convient à l'une comme à l'autre agglomération, parce que cette rivière les baigne toutes deux.

Quant à *l'Isca des Silures* et *des Dumnoms* dont il vient d'être parlé, il n'est pas étonnant qu'il se trouvât autrefois en Angleterre deux villes du nom d'Isca; car la rivière qui leur donnait son nom, s'appelait aussi l'Isk (Isca). L'Isca Dumnoniorum (Exeter), c'est la ville sur l'Ex, autrefois Is (1). L'identité de ces noms de lieu belges et anglais provient donc de la situation identique de ces villes sur une rivière nominalement identique.

HAMEAUX.

Notre-Dame-au-Bois. Eyzer, *fer.* Ce hameau contient du minerai. Ter Laenen, *à la Lasne.* Tombeek, *ruisseau du tumulus.* La haise, *la ferme.* Malaise, *mauvaise ferme.* Ketelheide, *bruyère du bas-fond.* Buekenbosch, *bois de hêtres.* Zavelberg, *mont sablonneux.* Venusberg, *mont de Venus.* Wallenberg, *mont des Gaulois* ou *Wallons.*

---

(1) Cellarius, Notitia orbis antiqui, pag. 266 et 272, une note des Ac. SS. en parlant de ces deux villes, dit qu'elles sont ainsi nommées *à fluvio Isca* quam Britanni *Usk, Wysk* nunc vocant.

PAMEL, *fr.* PAMELE.

Pamella, 1179, 1242; *Pamela,* 1182; *Pamele,* 1319, 1435, W.

Cette commune était anciennement un bois. Il en reste encore
une grande partie. Elle est située sur la Dendre. Ainsi que le
remarque Hoeufft *el* final est souvent l'abréviation du mot flamand
loo, bois. Or, le village dont nous analysons le nom est flamand. Le
premier radical est palm qui signifie *buis, palmier. El* est pour *loo.*
Palmeloo est donc un *bois de buis* ou *de palmiers.* En ce qui concerne le mot palmier, nous ferons remarquer que bien que cet arbre
qui donne des dattes, ne soit point indigène ni connu dans le pays,
nos pères ont pu donner son nom à d'autres espèces d'arbres de
haute futaie dont la forme ou le mode de croissance avait, à leurs
yeux, quelqu'analogie avec le palmier. Les peupliers notamment et
tout particulièrement les peupliers blancs se rapprochent beaucoup
du palmier sous ce rapport. Ce village comptait 112 maisons en
1526.

HAMEAUX.

Ledeberg, *colline inculte,* du mot all. lehde, *bruyère.* Poelck
(Polck, 1267, Poelcke, 1525), lisez poelken, *petit marais.* Berghem,
hameau de la colline. Beuneghem, Bunenghem, *hameau des fèves.*
Puttenberg, *mont aux trous, aux excavations.* Voy. l'art. Pepinghen-
Beeringhen.

PELLENBERG.

Pellembergue, 1219, GAZ ; 1229, MIR.

Cet appellatif signifie *mont rasé,* c'est-à-dire sur la cime duquel
on a opéré un défrichement. Le premier radical est pellen, *décorti-
care, déboiser.* Un monastère de Nonnains de l'ordre des Prémontrés
y fut fondé en l'an 1219 par Reinier d'Udeghem. Il fut transféré dix
ans plus tard à Guempe.

Hameaux.

Langlooweg, *long chemin du bois.* Steenrots, *rocher.* Pleyn, *la plaine.* Slykstraet, *rue bourbeuse.* Gansendries, *vaine pâture aux oies.* Château Peetens. Ferme des dames blanches.

PEPINGHEN-BEERINGHEN.

Sur la Zuene. Nous estimons qu'on a dû dire Pypingen, *prairies du ruisseau.* Le second nom veut dire *prairies aux porcs sauvages.* Cet endroit paraît peu ancien, car on n'y comptait que six maisons lors du recensement de 1526, et nous n'avons trouvé son nom cité dans aucun diplome.

Hameaux.

Bouckhout ou Bochhout, *bois de fouteaux.* Kestergat, *allée de Kester, Castre* en français. Ter meeren, *aux petits lacs.* Vrombosch, altération de Vronbosch, *bois de St-Véron.* Trof (troef), *triomphe et déroute.* Mannenbroek, si ce mot n'est pas altéré, il est identique à *marais des guerriers.* Beringvyver, *étang de Beeringhen.* Puttenberg, *mont aux trous ;* nous avons eu déjà l'occasion de rencontrer des localités portant cette dénomination ; ces trous ou fosses ne sont que des déblais provenant des carrières où l'on a extrait la pierre.

PERCK.

Parcum, 1131, 1160, 1266, Mir ; *Parck,* 1333, id ; *Perke,* 1192, 1243, 1304, 1338 ; *Percq, Parcum,* Mir ; *Parric,* 1593 ; *Percke,* 1455 ; *Parc,* 1683, W.

Ce nom veut dire *le parc.* Cet endroit est nommé ainsi, parce que c'était un lieu où Godefroid-le-Barbu, comte de Louvain, nourrissait des bêtes sauvages. Il le donna en 1129 à Gauthier, abbé de St-Martin à Laon, pour y ériger un monastère. Voy. Gaz., Hist. eccl. du Pays-Bas.

Ces parcs étaient entourés de murs et de fossés. *Parcum*, dit Mi-ræus, *seu vivarium ferarum*. Il paraît qu'il y avait cette différence entre le parc et le brogel, que dans le premier on ne chassait point, tandis que le brogel ou breuil était uniquement destiné à la chasse des grands et des princes, comme c'est encore l'usage dans le vieux brogel de Compiègne. Les Anglo-Saxons donnaient à ces endroits le nom de *Derefald*, les Flamands celui de *Dierwoud* ou *Parck*.

Romuald de Salerne rapporte d'un prince de ce pays qu'il fit entourer de murs les monts et les bois situés près de cette ville et qu'y ayant fait planter toute espèce d'arbustes, il y mit des daims, des chevreuils, des porcs sauvages (porci silvestres), et fit de cet endroit un parc agréable et délicieux.

HAMEAUX.

Bouck, ter-bocht, *le hêtre*. Heinhoven, *ferme entourée de haies*, du verbe heinen. Voy. Kil. à ce mot.

PERWEZ.

Perviciacum, 1250, Mir; *Pervez, Perues*, 1232, id; 1283, id; *Pyr-weis, Pirweis*, 1247, id; *Pervis*, CELLARIUS, Not. orb. antiq.

Ville romaine, mentionnée dans l'itinéraire d'Antonin sous le nom de Perviciacum. La voie consulaire y passait. C'est à la langue latine qu'il faut demander l'étymologie de son nom.

Si l'on examine bien le mot perviciacum (car perniciacum n'en est que la corruption, le *v* et l'*n* s'écrivant de la même manière), on trouve que ce mot est composé d'un génitif *pervici* et d'un nomina-tif. Ce dernier est *acum*, synonyme si l'on veut de *vicus*, de *hem*, mais qui désigne toujours une localité située près d'un ruisseau ou d'une rivière. Or, Perwez est sur la Ghète.

Quant au premier radical *pervici*, nous le croyons altéré pour *pervii*, par l'introduction de la lettre encyclique *C*. Or, pervium est un chemin, et ce chemin désigne vraisemblablement la voie ro-maine qui passait à Perwez.

Perviiacum signifie donc *le village* ou *la ville de la voie*, ou *sur la voie*.

On sait que lorsque nos pères ont commencé à romaniser les noms latins de localité, ils n'ont fait que leur donner une terminaison romane sans rien changer au premier radical ; ils ont dit : Per vis. Or, vis est le mot roman qui répond à acum, *vicus*. Pour n'en citer qu'un exemple, *Vis*, dans le département du Pas-de-Calais est, d'un avis unanime, la traduction de *vicus*. Peut-être aussi que pour mieux rendre la valeur de acum, ils ont dit Per-wez (pervii-vadum), *gué du chemin*.

Pervis ou Perwez, Pervez, voilà le véritable nom de cette ville. Pyrweis, Pirweis n'en sont que des altérations.

HAMEAUX.

Ferme de Semoi. Jauchelette-lez-Perwez, nom d'un village voisin. Le warichet, *endroit de vaine pâture*. Perwez-le-mont.

PEUTHY.

Putian, 948, Mir ; *Putige*, 1140 ; *Potea*, 1254 ; *Potya*, 1265, 1286 ; *Potia*, 1310 ; *Potie*, 1429 ; *Puety*, 1435, 1510 ; *Puety*, 1560, id ; 1573 ; *St-Mertens-Peuthy*, 1630, W.

L'étymologie de ce nom paraît avoir défié la sagacité des savants. Si elle leur a paru introuvable, c'est qu'ils l'ont cherchée dans l'idiome flamand qui ne pouvait point la donner. C'est à la langue romane qu'il faut demander la synonymie de Putian, mot roman dérivé du latin.

La terminaison du nom de Peuthy n'est certainement pas teutonique. Elle appartient à la langue romane. Dans cette langue thy ou ti (qui se modifie en li, gi, chi, qui) représente le mot générique *maison*. C'est le *hem* des Flamands. *Peus* dans la même langue romane, *peul* en bas-breton, est un poteau, *postis* en latin. Peus-thy est donc *le village du poteau*. Ce mot aurait ici, par extension, la signification *de borne milliaire*. L'existence d'une borne milliaire dans

12

le village de Peuthy présuppose naturellement celle d'une voie romaine. Y avait-il donc une chaussée romaine qui traversait ce village? la chose n'est point douteuse. C'était un *diverticulum* qui
passait de Vilvorde à Peuthy, à Perck et à Bergh. Il portait le nom
de chemin d'Aerschot. Son origine, dit M. Wauters, remonte sans
doute à l'époque où Aerschot formait une position importante, gardant le passage du Demer, alors que Louvain n'existait pas ou n'é-
tait encore qu'une bourgade obscure.

Pour bien faire comprendre l'article dont nous nous occupons ici,
il est indispensable de faire une courte excursion dans le domaine
des antiquités romaines.

A mille pas géométriques du point de départ d'une voie ou d'un
chemin de traverse (*diverticulum*) se trouvait une borne en pierre,
qu'on appelait borne milliaire, pierre milliaire, *meilestein* en allemand, *banmyle* en flamand, *milliarium, cippus, cippus lapideus*.

Il n'est point hors de propos de rapporter ici un passage du Mémoire de Don Bevy, adressé à l'Académie de Bruxelles. « Ayant
trouvé, dit-il, sur le bord du grand chemin de Bavai à Rheims la
base d'une colonne milliaire, nous mesurâmes la distance depuis
cette borne jusqu'à l'endroit d'où partent les chaussées dans Bavai;
nous trouvâmes 4,144 toises (sexpeda), d'où nous conclûmes que le
mille romain avait 1,036 toises, chacune de six pieds. Ensuite, me-
surant les douze milles romains que l'itinéraire d'Antonin et la carte
de Peutinger marquent de Bavai à Durodunum, Don Bevy trouve
12,430 toises, nombre qui, à deux toises près, exprime le produit de
12 multiplié par 1,036.

Or, quelle est la distance de Vilvorde à Peuthy? elle est de 1,666
mètres, c'est-à-dire de 1,100 toises. S'il était permis de connaître le
point de départ de la voie romaine dans Vilvorde et l'endroit où s'é-
levait la colonne dans Peuthy, on établirait, peut-être d'une manière
précise, que cette distance s'accorde avec celle constatée par Don Bevy
entre les bornes milliaires près de Bavai, où l'examen était encore
possible de son temps. Qu'est-ce, en effet, qu'une différence en plus
de 64 toises?

On voit donc que c'est du mot latin *postis*, (*poteau, potiau,* en roman) ou de postellum (*cippus*), qu'est provenu le mot roman Peus-thy, Peul-thy, Peu-thy, qui veut dire *village de la borne*. Quant à Putian (prononcez poutian) de l'an 948, loin de nous embarrasser, ce mot favorise notre système. En effet, nous le regardons comme un mot roman dans lequel l'*u* final s'est altéré en *n*, de même qu'on trouve Aysan pour Aysau. Poutian, c'est, à nos yeux, *poutiau*, *potiau* (poteau), mot roman-tournaisien.

Ce village est divisé en deux sections : Grand Peuthy et petit Peuthy. Voy. Roq. au mot *peus* et l'art. *tilly*.

PIETRAIN.

Pietren, 1280, Mir ; *Pietrent*, 1560, Mir.

Ce nom est roman. Il a pour premier radical l'adjectif pietre, *petit*, et pour second ham, *hameau*, ou train, autre mot roman qui signifie *chaume*, par extension *demeure*. Voy. Roq. à ces mots. Ce qui semble justifier cette étymologie, c'est que cette commune ne comptait que 40 maisons lors du recensement de 1526.

Hameaux.

Pietremaux (Pietmale, 1280), *petit enclos*. Voy. Roq. au mot *max* et ses nombreuses variantes. Herbais, *pâturage plein d'herbe*. C'est une contraction de *herbubais*. Voy. Roq. aux mots *herbu*, *herbis*.

PIETREBAIS-CHAPELLE-St-LAURENT.

1526, 1560, Mir.

C'est-à-dire *petit marais*. Voy. Roq. aux mots *pietre* et *bais*. Cet endroit ne comptait que huit maisons en 1526, circonstance qui, venant justifier le peu d'importance du lieu, confirme l'à-propos de l'étymologie. Il y avait autrefois un château-fort dans cette commune.

Hameaux.

Chapelle-St-Laurent. Hapeau, nom de ferme.

PLANCENOIT.

Plancenotum, 1227, W ; 1255, Mɪʀ ; *Plansnoy*, 1560, id.

Cet appellatif veut dire *un jeune verger* ou *pépinière*, un lieu où l'on plante les scions qu'on nomme en roman *planchons* ou *plansons*. Cette commune était une ancienne dépendance de Braine-l'Aleu érigée en village en 1227 par le châtelain de Bruxelles, Léon Iᵉʳ.

Hameaux.

Belle-Alliance. Maison du Roi.

QUENAST.

1560, Mɪʀ.

Sur la Senne. Ce mot roman-wallon répond à celui de *quenia*, *quesnoi*, c'est-à-dire lieu planté de chênes, *une chenaie*. Cet endroit se trouvait dans l'antique forêt de Sone. Il ne paraît point fort ancien.

Hameaux.

Le chenois. Les carrières (à grès). Le buissot. Ce mot roman veut dire *petit canal* ou *conduit*. Ce nom désigne ici la Senne. Voy. Roq. au mot *buise*. Ferme de Chapeaumont.

RAMILIES-OFFUS.

Ramilie, 1560, Mɪʀ ; *Offei*, 1164, id ; *Offus*, 1560, id.

C'était encore en 1630 deux dépendances de Geest-Gérompont. Le premier nom est synonyme de *taillis, entrée du bois.* Voy. Roq. au mot *ramille.* Quant au second, que le baron Le Roi nomme Offus, Offhuis, Offei, il semble signifier *ferme, maison de jardinier,* du flamand *hofhuis.*

HAMEAUX.

La commune. Trou aux renards. La frête, *ouverture, brèche, passage*. En roman-tournaisien, ce mot désigne la berge d'un fossé, d'un chemin profond, le talus gazonné d'un champ.

RAEMSDONCK.

Ramesdunck, 1147, MIR; 1211, 1225; *Raensdonck*, 1427; *Raemsdonk*, 1445, MIR; 1469, 1491, id.

Autrefois les eaux du Ruppel et de la Senne, refoulées par le reflux, inondaient chaque jour une grande partie des terres situées sur leurs rives. On entreprit donc des travaux pour soustraire ces terrains à l'action de la marée. Ces travaux portent en Flandre le nom de *donck, weerd, dam, dyk*, qui répondent au mot *endiguement*. C'est donc à un endiguement que Raemsdonck doit son nom. Il signifie *endiguement des fascines*, du mot flamand rameyen, *vectibus munire, barrer au moyen de fascines*.

HAMEAUX.

Broeck, *marais*. Beerenbroeck, *marais des porcs* ou *sangliers*. Molenhoeck, *coin du moulin*. Venneken, *petite tourbière, petit marais*.

REBECQUE-ROGNON, *fl.* ROOSBEKE.

Roosbeek, 897, MIR; *Roosbach*, 1112; *Roosbeke*, 1297, id; *Rebecque*, 1300, MIR; 1400, T. B; *Rosaive*, 1209, MIR; *Roesbeek*, 1560, id.

Cette commune est située sur la Senne, à l'extrémité du Brabant vers la province de Hainaut. Miræus en fait mention en 897, sous le nom de *Roosbeke*, qui veut dire *ruisseau de la roselière*. Le nom roman *Ros-aive* a la même signification, aive signifiant *aqua*, et roz, *roseau*. Rognon est pour Royon, *limite*, parce que là finissait le Brabant. Voy. Roq. aux mots *roz* et *aive*.

HAMEAUX.

Stocquois, *petit bosquet*. Richain, nom d'une seigneurie. Bois. Genette, nom de ferme. Trou. Rue haute. Pierreux, *endroit où il se trouve de la pierre.*

RELEGEM.

Radelegim, 1132; *Radelinghem*, 1167, Mir; *Radelgem*, 1198; *Redelghem*, 1328, 1435; *Releghem*, 1686.

Le premier radical de cet appellatif est rad en flamand, radel en allemand. Il signifie *roue, rota*, par extension *voiture*, rheda en latin, rytuig en flamand, affiliation étonnante de mots.

Cet endroit paraît donc avoir été une *mutation* sous la domination romaine. Ces mutations étaient établies le long des voies. Il s'en trouvait de 50 en 50 stades. Une stade se composant de 125 pas géométriques (sexpeda), il s'ensuit que ces établissements se trouvaient distancés l'un de l'autre d'environ 6,250 pas. Dans ces mutations, des employés du Gouvernement étaient obligés d'entretenir 40 chevaux de course ou de trait, et un certain nombre de voitures pour le service de l'état et des voyageurs.

RHODE-Sᵗ-GENEST.

Roda, 1120, 1141, Mir; 1164, W; *Rode*, 1190, 1293, 1435; *Roode*, 1291, 1546; *Rhode*, 1686, *Rhode-Sᵗ-Genes.*

Ce village est évidemment une conquête faite sur le bois de Soignes. Son nom veut dire *défrichement Sᵗ-Denis*. Ce qui nous apprend aussi que l'église du lieu est placée sous l'invocation et le patronage du bienheureux Sᵗ Denis.

Rodium, dit Ducange, *est terra recenter, evulsis arboribus, agriculturæ adaptata.* Le nom de rode, très-commun dans le Brabant, répond aux mots *rou, roi, rœul, reu*, qui n'en sont que la romanisation.

HAMEAUX.

Ter meulen, *les moulins.* 'T hof ten berg, *le manoir* ou *la ferme sur le mont.* Den hoek, *le coin.* De hutte, *la maisonnette.* Het gehucht, *le hameau.* Nieuwestraet, *nouvelle rue.* Waterbosch, *bois entouré d'eau.* Zevenboren, *les sept fontaines.* Het hof ten houte, *la ferme dans le bois.* Château de Rittweger. Den dellenhove, *la ferme de la vallée.* Den driesch et Ten broek se comprennent.

RHODE-S‘-PIERRE, *fl.* S‘-PEETERSRODE.

Sur le Molenbeek. Même étymologie que ci-dessus. Cet endroit comptait cinquante-sept maisons en 1526.

HAMEAUX.

Uilenberg, *mont des hiboux.* Napostraet. Le premier radical paraît être un nom propre, peut-être celui de Napoléon. Hozenhoek, *hameau aquatique.* Bruel, mot roman, *pré, préau.* Rot (rhode), *l'essart.* Schubbeekendries, *vaine pâture de Schubbeek.* Neurbark (nieuwe-bark), *nouvelle barque.* Merinoskapel, *chapelle Mérino,* nom de son fondateur. Moulin de Kleerbeek. Voy. l'art. Hauwaert.

RHODE-S‘ᵉ-AGATHE, *fl.* S‘-ACHTENRODE.

1198, Mɪʀ; *Roda Sᵗᵃ-Agathæ,* 1415, 1426, id ; *Sint achtenrode,* 1430, T. B.

Sur la Dyle. Même étymologie que ci-dessus. Sᵗᵉ-Agathe est la patronne du lieu. Cette commune comptait 78 maisons en 1526. Elle n'a qu'un hameau : Veeweide, *pâturage où l'on engraisse le bétail.*

RILLAER.

Rillaer, 1283, Mɪʀ; 1560, id.

Sur la Motte. Cet appellatif est identique à *froide plaine.* Willems écrit Rillaert (rillaerde) qui voudrait dire *froid terroir, froide terre.*

HAMEAUX.

Opstal. Vredius donne à ce mot la signification de *terre vague.*
Montenaeken, nom d'une ville voisine. **Rommelaer;** nous ferons
remarquer ici que les mots rom, romme, rum, rumme ne sont que
des altérations de ruim, *vaste, étendu.* Le nom de ce hameau est
donc synonyme de *vaste pâture communale.* **Vranckenbosch,** *bois
des Franks.*

RIXENSART.

Rixensart, 1137, Mir ; 1221, 1270, id ; 1271, Cart. C. F;
Rixissart, 1350, Mir.

Ce nom signifie *essart de Riccius, de Riccin.* C'est le nom du premier agronome qui a mis cet endroit en culture. Nous avons dit
dans nos Études étymologiques sur le Hainaut que presque tous les
essarts portent et conservent le nom des essarteurs ; c'est un hommage rendu par la postérité à la mémoire de ces bienfaiteurs. Il en
est de même dans le Brabant.

HAMEAUX.

Bourgeoisie. Grand try, *grande vaine pâture.* **Froidmont. Ghlin**
(ghelinde), *broussailles.*

ROOSBEEK-NEERBUTZEL.

Rosbeka, 1136, 1302, Mir.

Cette commune est située sur un affluent de la Velpe. Le premier
nom signifie *ruisseau de la roselière* (rausea). On peut supposer que
dans le principe les rives de ce ruisseau étaient en cet endroit couvertes de roseaux. Ce village ne comptait que trente-neuf maisons
lors du recensement de 1526. Voy. au surplus l'art. *Rosières.*

Quant à Neerbutzel, il signifie *Bas Butzel,* par opposition à Hoogbutzel, hameau du village de Bautersem. Buttezeele est identique à
demeure sur la butte ou *le mamelon.* C'est en effet la situation du
lieu.

,ROSIÈRES, *fl.* ROZIEREN.

Rosières, 1172, 1186, Mɪʀ; *Rosires,* 1350, id; *Roseriœ,* 1213, id;
Rosiers, 1280, id; *Rosariœ, Rozieren,* 1686.

Cette commune est située sur la Lasne, dans un fond humide.
Son nom signifie *la roselière,* rausea, en bas-latin est synonyme
de *arundo, roseau,* en allemand rôhr. Rosière répond au mot roman
roussière, lieu planté de roseaux.

Hameau.

Ferme de Terfossen, *des fossés.* Voy. Kil. au mot *fosse.*

ROTSELAER.

Rotslar, 1179, 1230, Mɪʀ; *Rochelaer,* 1213, 1245, id; *Rotslaer,*
1202, id; *Rochellaria,* Dɪᴠ; *Rocheleir,* 1278; *Rochelaria,*
1462, T. B.

C'était une ancienne baronnie. Le nom de ce village situé sur la
Dyle et le Demer est synonyme de *plaine du rocher.*

Hameaux.

Thoren (toren), *la tour.* Vaken, *la petite place.* Heikant, *voisinage
de la bruyère.* Drylinden, *les trois tilleuls.* Grootmolen, *le grand
moulin.* Walestraet, *rue wallonne.* Quellenberg (Kwellen), *mont
des sources.* Soellaeken, *eaux thermales.* Helligt (hellich, slibbe-
rich), *endroit glissant.* De goot, *la tranchée.* Beversluis, *trou, cata-
racte des bièvres ou castors.* Le castor était un animal très-connu autrefois dans le pays. Le poëte Van Maerlant nous apprend qu'on le
servait à la table des grands, et qu'on pouvait en manger les jours
d'abstinence sans transgresser les lois de l'église. Nous croyons reconnaître, sous le nom du castor, la loutre, animal amphibie qui

se nourrit de poissons. En 1428 , il avait encore, attachés à la cour de Bourgogne , des chasseurs qu'on nommait *loutriers.*

ROUX-MIROIR.

Romiroir , 1560 , Mɪʀ.

Grammaye nomme cet endroit en latin Rodium speculi, *le défrichement du miroir.* Le premier mot vient du latin rupticum, *essart.* Quant au second, Grammaye ne l'a pas compris ; miroir n'est pas autre chose que le vieux mot roman *meroir, marois,* qui signifie *marécage.* Voy. au surplus les Prolégomènes, page xxvɪɪ et xLɪv.

HAMEAUX.

Basse-roux-miroir. La haie. Aguedeau, autrefois hacqdaux, nom d'une ferme. Ferme de l'abbaye. Beaumont.

RUMMEN.

Rumene, 1350, Mɪʀ ; 1560, id.

L'orthographe de cet appellatif paraît viciée, car le premier radical rum n'existe pas dans la langue flamande. Nous estimons qu'il faut lire ruim-hem, qui signifierait comme langdorp, *grand village,* ou *plaine vide.* Les noms des hameaux sourient assez à cette interprétation. Cette commune ne paraît pas très-ancienne. Ce n'est qu'au milieu du XIV° siècle que l'on trouve son nom mentionné dans les diplomes de Miræus.

HAMEAUX.

Diepenpoel, *profonde tourbière.* Bergeneinde, *extrémité des monts.* Sassenrode, *essart des Saxons.* Kasteel, *château-fort.* Oppen (ophem), *le haut du village.* Oudekerke, *vieille église.* Potaerde, *terre à poterie.* Zavelkuil, *sablière.* Bienstraet, *hameau de la jonchaie.* Zegerade et Brissemstens sont deux noms de ferme.

RUYSBROECK-SUR-SENNE.

Russchebuscus, 1178, Mir; *Rusbroc, Ruschebruc, Ruschebuscum, Ruchebuscus*, 1179, id; *Rucebuc*, 1179, id; *Russebusch*, 1184; *Rusebruc*, 1201, id; *Russebruech*, 1202, id; *Ruchebruc*, 1215, id; *Ruyscabrouc*, id; *Ruskebroc*, 1228; *Rusbroeke*, 1400; *Ruisbroeck*, 1491, W.

Les plus vieilles formes de cet appellatif, dans lesquelles on voit le dernier radical varier sans cesse de buscus, *bois*, à broek, *marais*, nous en donnent la synonymie. C'est ou *le bois* ou *le marais dans la jonchaie*. Voy. Kil. au mot sax-fris. rusch qui signifie *jonc, juncus*. Aujourd'hui encore ce village se compose en grande partie de prairies qui peuvent avoir succédé à un mauvais marais. Il n'a point de hameau.

St-GÉRI.

St-Gery, 1156, Mir; *Sanctus Gaugericus*, 1280, T. B; *Fanum Gaugerici*, Gram; *St-Gery*, 1560, Mir.

Cette commune est ainsi nommée d'un oratoire élevé en l'honneur de St Gaugericus (Geri), patron du village. On voit ici comment la langue romane tronque les mots, en les romanisant. De Gaugericus, on prend ici justement le milieu du nom, *geri*, et l'on rejette le reste.

Hameaux.

Try-Martin, *trieux-martin*. Corsal. Il n'est pas impossible que ce nom soit une altération de Cors-sale, *petit hôtel*. Voy. Roq. à ces deux radicaux.

St-GILLES-LEZ-BRUXELLES.

Superior Bruxella, 1222, 1229; *Obbruxella*, 1216, 1272, W; 1295, B. Y; *Ecclesia beati Ægidii*; *Oudt Brussel*, Mol.

Cette commune est située sur la Senne. Son ancien nom était

Obbrussel, c'est-à-dire Opbrussel, *haut Bruxelles*. Elle constituait une dépendance de Forest. Ce ne fut que vers 1222 qu'elle prit le nom qu'elle porte aujourd'hui.

Hameaux.

Bethléem, nom biblique. Le fort Monterey. La longue haie. Quartier Louise. Putteken, *petit fossé*.

St-JEAN-GEEST.

St-Jan-Gaist, 1329, Mir; 1560, id.

Cet endroit est sur la Ghète qui lui donne son nom. Voy. l'art. Geest-Gérompont. Il n'a qu'un hameau : Ste-Marie-Geest.

Ste-MARIE-GEEST.

Gaist-Ste-Marie, 1560, Mir.

St-REMI-GEEST.

Gaist-St-Remy, 1560, Mir.

Voy. pour l'étymologie l'art. Geest-Gérompont. St-Remi-Geest a pour hameaux : Basse-Hollande. Geneville, *villa du marais* L'écluse.

St-JOSSE-TEN-NOODE.

Nude, 1251, 1361, W; *Oede*, 1311; *Noede*, 1324; *Ten-Noede*, 1335, 1389; *St-Josse-ten-Noede*, 1527; *La Noede*, 1437; *St-Josse-ten-Hoy, St-Josse-ten-Noy*.

On rencontre pour la première fois le nom de cette commune dans une convention faite entre le chapitre de Ste-Gudule et le couvent de Caudenberg en 1251; il est appelé *Nude*. Un chapitre y fut dédié à St-Josse, en 1261. Ce bienheureux vivait à la fin du VIe

siècle. Il était fils d'un roi de la petite Bretagne et avait fui le monde
et ses grandeurs pour mieux faire son salut.

Le versant occidental de cette commune s'appelait anciennement
Den hasselt, c'est-à-dire *la pente.*

Quant à l'étymologie de son nom, remarquons que Nude et Noode
ne sont que des altérations de *ten oode* qui veut dire *le désert, tesqua
loca inculta.* Voy. Kil. au mot *ood,* vox germ-sax. et le dict. all.
au même mot. Ainsi St-Josse-ten-Oode veut dire *S_t-Josse dans le
désert.* Ce nom lui est venu à cause de l'aridité et de la mauvaise
qualité de la terre en cet endroit.

HAMEAUX.

De vinckenberg, *le mont aux pinsons.* Vogelkensdael, *le vallon
aux oiselets.*

SCHAERBEEK.

Scharenbeca, 1153, Mir; *Scharenbecca,* 1158, 1145, 1172, id; 1241,
1357, W; *Scarenbeke,* 1286, 1292, W; 1301, a Thymo; *Scarem-
beca,* 1200.

La Senne baigne cette jolie localité ainsi qu'un petit ruisseau qui
entre sur son territoire à la partie nord-est. C'est le *ruisseau des
bruyères,* qui lui donne son nom. Voy. Ducange au mot scara,
silva virgultorum. Cet endroit ne comptait que 112 maisons en
1526.

HAMEAUX.

Faubourg de Bruxelles. Kattenpoel, *marais des chats.* Helmet
(elmt, 1173, elmpt, 1446), *le marais.* Propzemont, locution wallonne, pour *proche les monts.*

SAINTES, *fl.* SANTEN.

Santes, 860, 1185, 1191, Mir; *Santhes,* 1224, id; *Sainctes,*
1224, id; *Sanctæ,* 1150, id; Ac. SS; Mol; *Santhesium,* id.

C'est ainsi qu'est appelé le lieu ou Ste Renelde ou Renelle souffrit le martyre avec St Grimoald et St Gundulphe, du temps du roi Dagobert, vers 630. Le peuple ne connaît ce village que sous le nom de Ste-Renelle.

HAMEAUX.

Viesbeek (westbeek), *ruisseau de l'ouest*. Mussain, nom d'un château. Trieu, *vaine pâture communale*. Croly ou Crollis, *fondrière, marais*. Cet appellatif a pour radicaux les mots romans cro, *cru*, et li, *lieu*. Voy. Roq. Trianon, nom de fantaisie. Tri de troie, *vaine pâture de la truie*. St-Roch. Raclou, *le clos*. Het trop (troppel), *le monceau*.

SART-DAMES-AVELINES.

1200, T. B ; 1560, M$_{IR}$; *Sart à Mavelines*, 1560, id.

C'est-à-dire *l'essart de Ste Aveline*, Sartum dominæ Avelinæ. Les mots dominus, domina se disaient au moyen âge pour sanctus, sancta.

HAMEAUX.

La commune. Thil, c'est le vieux nom de la Dyle, *Tilia*. Pavé de Namur. Lutte pour *la hutte*. Bois de Lutte. Voy. l'art. *Ways*. Houlette, Juméré et Piraumont sont des noms de ferme.

SAVENTHEM.

Saventem, 1122, 1206, M$_{IR}$; *Saventinæ*, 1219, 1229 ; *Saventem*, 1145, 1257, id ; *Zaventinis*, 1257 ; *Saventhines*, 1367 ; *Saventhen*, 1435, 1491, W.

Sur la Woluwe. Cet appellatif a pour premier radical zavel, *sable, gravier*, et pour second heim, hem, *demeure*. C'est *le village dans le sablon*.

On a prétendu qu'il y avait dans ce village sept tombes, et que ce fut à cette circonstance que cet endroit doit son nom ; dans ce cas, Saventhem serait une altération de *zeven-tommen*.

« Cette bizarre étymologie, dit M. Wauters (Hist. des envir. de Brux., vol. III, p. 133), que quelques auteurs abandonnent pour celle qui fait dériver Saventhem de *Savelheim, la demeure aux sables*, repose sur un fait vrai ; jadis, il y eut, en effet, sept tombes à Saventhem. Elles étaient situées, à ce qu'il semble, à quelque distance au nord-est du village, au lieu nommé encore *den kalkhoven, le four à chaux*, près d'un ancien champ dit *tomptvelt* ou *tomberg*. En 1507, un conseiller de la chambre des comptes, René Cleerhage, acheta à Saventhem quelques terres au milieu desquelles se trouvait une éminence factice qui avait 35 pieds de haut et 380 de tour. A son sommet, on remarquait cinq vieux chênes. En la déblayant, on découvrit un caveau voûté long de 7 pieds, large de 6, haut de 9, et construit de pierres, les unes blanches, les autres noirâtres ; il renfermait un grand nombre d'objets curieux, entre autres, une urne remplie de débris humains calcinés et faite d'un verre épais d'un demi-doigt ; une lampe qui parut avoir brûlé jusqu'au moment où l'on viola cette antique sépulture ; une urne qui contenait trois monnaies frustres, un Néron, un Antoine et une Faustine ; une bague dont le châton offrait un cavalier perçant un cerf de sa lance, etc. ; plusieurs personnes de distinction vinrent visiter cette tombe romaine, entre autres Charles-Quint. Cette trouvaille d'objets curieux ne fut pas sans doute la seule que l'on fit à Saventhem ; en 1416, on cite dans ce village un *cleinodovelt*, dont le nom vient évidemment du mot latin *clenodia*, qui signifie bijou. »

SCHAFFEN.

Scaffen, 684, Mir F ; *Scafnœ*, 746, id ; *Scaffen*, 1560, id.

Ce village est situé sur le Demer. Il est très-ancien. Son nom Schafheim est allemand, et signifie *village des brebis*. Ce n'était probablement qu'un grand pâturage autrefois.

HAMEAUX.

Schoonaerde, *belle terre*. Rode, *le défrichement*. Engelbeck, *ruis-*

seau de l'ange. Peer, *le poirier.* Relberghem (Rilleberg), *hameau de la froide montagne.* On trouve aussi ce nom écrit Kelberg, qui a la même signification. Voy. Kil. aux radicaux *kil, kel.* Molenstede, *place des moulins.* Rest (Rist), *broussailles.* Lazary-berg, *montagne de la ladrerie.* Barenberg, *mont sec, stérile.* Hodunck, 1234, *donck élevé.* Voy. l'art. Ramsdonck.

SCHEPDAEL.

Scepdale, 1260, 1560, Mir.

Le nom de cette commune est une altération de Schaepdael, *vallée des moutons.*

Hameaux.

Le loenbeek, *le ruisseau des bois.* Il passe à Lennick-St-Martin et traverse Schepdael dont il féconde la vallée. Pede Sto Gertrude (peda, 1229), *Ste-Gertrude sur la chaussée.* Ce pede ou pad désigne probablement la voie romaine qui passait en cet endroit. Voy. Kil. et Paulus Merula au mot *pad.* Goutveerdeghem, *ferme de Godefroid.* Kelegem, *hameau du courant* (kille). Planken, *les planches.* Le petit pont. Potaerdeberg, *mont à la terre de poterie.* Elst, *endroit planté d'aunes.* Sirenbeek, Zierbeek, *petit ruisseau* ou *ruisseau des atomes.*

SEMPST.

Sempst, 1150, Mir; *Zemsa, Semse,* 1234; *Sempsa,* 1289, 1486, Mir; *Symsa,* 1326; *Zemse,* 1349; *Zempse,* 1427; *Sempse,* 1469; *Sempze,* 1477; *Zempie,* 1435, 1480; *Semps,* 1560, Mir.

« Si l'on en croyait les compilateurs du dix-septième siècle, dit M. Wauters, l'église de Sempst aurait été bâtie sur les ruines d'un temple dédié à Sémélé, mère de Bacchus, et ce serait St Lambert, évêque de Liége, qui l'aurait consacrée. Sa construction, d'apparence antique, ses fenêtres dont les dimensions étaient minimes, et des inscriptions encastrées dans les murs de la nef, mais dont on ne nous a pas conservé le texte, venaient à l'appui de cette opinion que nous ne pouvons plus apprécier aujourd'hui. » Cette fable n'avait été, sans doute, inventée que pour le besoin de l'étymologie ; car le nom de ce village terriblement défiguré semble défier toute analyse. Cette commune que traverse la Senne, a dû être primitivement couverte de marais à en juger par l'état actuel des lieux. La marée remontait aussi jusqu'à Sempst, et l'on a tout lieu de supposer qu'ainsi que Weerde (voy. l'étymologie de ce nom), cette commune était primitivement un immense marécage. Or, c'est ce que veut dire son nom. Sempst et ses nombreuses modifications viennent du mot allemand *sumpf, marais*.

HAMEAUX.

Kleinlinde, *petit tilleul.* Bois. Laercam (Laerkam), *bord du larris*. Oxdonck (Oksdonck), *donck de la bergerie.* Voy. l'art. Raemsdonck. Bois d'Aa. De brug, *le pont.* Alvesteen, nom d'un château.

SICHEM.

Sichem, 1120, Mɪɪ; *Zighen*, 1302, B. Y ; *Sichne, Sichenes, Sichena, Sichenæ, Sichemium.*

Cette commune est située sur le Demer. Son nom est identique à *village de la victoire.* Le fait historique qui a donné lieu à cette dénomination remonte vraisemblablement à l'époque de l'arrivée des Franks sur les rives du Demer. Près de là se trouvait la fameuse abbaye d'Averbodem fondée en 1135 par le comte de Los.

HAMEAUX.

Keyberg, *montagne de cailloux.* Oxelaer (Hokslaer), *plaine de la bergerie.* Vinkenberg, *mont aux pinsons.* Doodbroek, *marais de la mort.* Banhoutbroek, *marais du bois public* ou mieux *du bois de la voie.* Verkensbroek, *marais des porcs.*

STEENHUFFEL.

Huffalia, 1071, Mɪʀ ; *Stenhufle,* 1112, id ; *Stenofle,* 1125, W ; *Sten-hoffle,* 1235 ; *Stenefle,* 1314 ; *Steenhuffle,* 1385, id ; *Offalia petrea,* Gʀᴀᴍ.

Il y avait en cet endroit cent maisons en 1526. Son nom signifie *pente, colline pierreuse.* Il a pour radicaux *steen,* pierre, et *huffel, huvel, uffelt,* qui, selon Hoeufft, veut dire pente, inclivité, acclivité. Selon M. Wauters, Steenhuffel aurait été appelé ainsi d'un monument druidique.

Hᴀᴍᴇᴀᴜx.

De heide, *la bruyère.* Boschkant, *voisinage du bois.* De meer, *le marais.* Den haen, *le coq.* Smisstraet, *rue de la foire* ou *du marché.* C'était celle qui conduisait au village de Merchtem dont le nom signifie *marché.* Nattestraet, *hameau humide.* Il longe le ruisseau qui vient d'Opdorp. Bauwstraet, *hameau bâti,* de l'allemand *bau,* construction. Kaeskant, *hameau du fromage.* Tweelinden, *les deux tilleuls.*

STERREBEEK.

Sterbeca, 1192 ; *Stertbeca,* 1197, Mɪʀ ; *Stercbeke,* 1254, id ; *Stertbeek,* 1256, id ; *Steertbeke,* 1435.

Cette commune comptait 78 foyers en 1435. Elle doit son nom à un petit ruisseau qui la traverse et qui porte celui de *ruisseau glacial.* Sterren, en effet, veut dire *geler, être froid.* Voy. Kil. à ce mot. Toutefois nous croyons devoir faire remarquer que la forme de 1234 indiquerait un *fort ruisseau* (sterkbeek).

Hᴀᴍᴇᴀᴜx.

Oudebaen, *vieille voie.* C'est la voie romaine qui est ici désignée. Voskappel, *chapelle de Vos.* Voy. l'art. Nosseghem.

STEENOCKERZEEL.

Ochinsala, VIIIe siècle ; *Hocensela,* 1057, Mir ; *Hockenzela,* 1147 ; *Hockesele,* 1154, 1352, Ac. SS et Mol ; *Hoverhockensela,* 1179, W ; *Steinhockensele,* 1280 ; *Steenhockensele,* 1283, Mir ; *Steyne-hockezele,* 1435 ; *Steenhockezeele,* 1491, W.

Si l'on examine attentivement les plus vieux noms que cette commune a portés depuis le VIIIe siècle jusqu'à la fin du XIIIe, on y voit constamment apparaître le radical hock, pluriel hocken. Or, ce mot, d'après Kilian, représente le mot *cors,* en bas-latin *cortis, curtis.* Qu'est-ce donc qu'une cortis ? Ducange définit ainsi ce mot : « Est villa, habitatio rustica ædificiis, colonis, servis, agris, personis ad rem agrestem necessariis instructa, aliàs colonia. » C'est une villa, une habitation au milieu des champs, pourvue de terres, de bâtiments, de colons, de personnes nécessaires à son exploitation, en d'autres termes *une colonie.* Ce n'est qu'après le XIIe siècle que ce village a pris le nom de Steenockerseel, *Ockerseel-le-château.*

Quant à *Ochin,* premier radical d'Ochinsala, que l'on pourrait prendre pour un nom propre, il est bon de faire remarquer qu'aux VIIe, VIIIe et IXe siècles, la finale *ken* du pluriel des mots est généralement remplacée par *chin, chim.* C'est ainsi que l'on trouve *Laminechin, Mannechim* (noms de Lampernesse et de Mannekensvere dans la Flandre occidentale), pour *Lammeken, Manneken.*

Hockenseele est donc *le village de la colonie.* Le nom moderne est identique à *village des noyers.* On voit ici comment l'altération orthographique peut nous induire en erreur sur la signification primitive des noms.

Hameaux.

Wambeek (Wambeke, 1286). Voy. les Prolégomènes. Dyck. Ce mot signifie tout à la fois *digue, rivière* et *chemin, jetée* (agger). Il désigne ici la voie romaine qui passait dans ce village. Humelghem (Humlegem, 1154, Humlenghem, 1242, Humeleughem, 1260, Humelreghem, 1261, Humellenghem, 1264, Umelghem, 1284, Humeleghem, 1298, Humelghem, 1506, Heymelghem, 1560, Mir). Ce nom ne signifie pas autre chose que *manse* ou *manoir d'Humelin.*

STROMBEKE-BEVER.

Altare de Strombeke, 1155, Mir; *Strombec*, 1155, W; *Strumbeca, Nemusculum Stonbeca*, 1147, Mir; *Stroembeke*, 1280, B. Y; *Strumbeka*, 1198, 1209, 1214, W; *Stroombeke*, 1284, id.

Le ruisseau qui donne son nom à ce village et qui s'appelle aujourd'hui Hellebeek, portait autrefois celui de Strombeek. Il se jette dans la Senne au-dessus de Vivorde. La marée qui ne se fait plus sentir qu'à Weerde, une lieue au delà de Vilvorde, venait anciennement jusqu'à l'embouchure de ce ruisseau, circonstance qui lui a valu la dénomination de *ruisseau du flux.* Telle est la synonymie de Strombeke.

Quant à Bever, jadis Beverne, Bevere, ce nom signifie *eau des bièvres* ou *castors.* Cette commune n'avait que 40 maisons en 1526. Elle possédait anciennement un château-fort appartenant aux ducs de Brabant; c'était le château de Nedlaer.

HAMEAUX.

Château de Bloemendael, *du vallon des fleurs.* Neckersmoirtere, *terre des Nickers.* Neckerken, *le petit Nicker,* souvenir de la mythologie germanique. Voy. les Prolégomènes.

STRYTHEM.

Strithem, 1147, 1173, Mir; *Streythem*, 1281, 1560, id.

Cet appellatif est synonyme de *village du combat.* « Les environs de Strythem sont remplis de souvenirs guerriers, dit M. Wauters. A Goyck, on trouve *le stryland* ou *terre du combat*; à Lennick, *le strydvelden* ou *champs du combat*; Strythem lui-même signifie *le village du combat.* J'ai essayé ailleurs d'expliquer ce dernier nom en supposant qu'en l'an 53 avant notre ère, lorsque César accourut d'Amiens au secours de son lieutenant Cicéron, ce fut à Strythem qu'il rencontra l'armée belge et la défit. »

HAMEAUX.

Tuitenberg, voy. Lennick-St-Martin. Stepstraet, *hameau du passage, de la voie*. Ce nom désigne la voie romaine qui passait à Strythem. Gehucht, *le hameau*. Diep (Diepte), *le bas-fond*. Eellebeek, *le ruisseau des anguilles*. Loostraet, *hameau du bois*. 'T hof ten brugsken, *le manoir du petit pont*. Broek, *le marais*. Brusselstraet, *rue de Bruxelles*.

TERALPHENE.

Alfena, 1229, Cart. de Nin ; *Ter Alphene*, id ; *Alphena*, 1259 ; *Ter Alphine*, 1560, Mir.

Cette commune, avec le hameau de Caem, comptait 400 maisons en 1526. Elle est située sur la Dendre et la Belle, dont le nom ancien était Alphena, Alphen ou Alfen. C'est ce ruisseau qui lui donne son nom. Ter Alphene est synonyme de *à l'Alphen*.

Pour les personnes qui ne sont pas initiées à la connaissance de la langue flamande, nous ferons remarquer ici que le mot *ter* qui précède Alphene est une préposition signifiant *à le, à la, au, aux*. Nous allons encore rencontrer cette préposition dans les deux articles suivants.

Quant à l'Alphene, il ne serait point impossible que ce ruisseau ait emprunté son nom à la mythologie germanique. Ce serait, dans ce cas, *le ruisseau des Alves*.

HAMEAUX.

De Bellebeek, *la Belle*. Okeye. Le mot Keye signifierait *caillou*, mais nous sommes porté à croire qu'il faut lire kaei, *digue, quai*. L'*o* qui précède cet appellatif et qui n'a aucune signification par lui-même, est une abréviation de op, *sur*. Opkaei est donc synonyme de *sur le rivage*.

TERNATH.

Nath, 1112, 1268, Mɪʀ; *Le Natte*, 1255, 1268; *Ter Nath*, 1435, Cart. de Nin.

Ter Nat signifie littéralement *au terrain aquatique*. C'est en effet la situation de ce village plein de sources et entrecoupé de ruisseaux qui vont se jeter dans la Dendre.

Hameaux.

Cette commune est contigue à Teralphene, village auquel elle emprunte deux noms de ses hameaux : Ophafen (Over Alphen, 1290, Mir), et Neeralfen qui sont pour Op-ter-Alphen et Neer-ter-Alphene, *haut et bas Teralphene*. Rue verte. Vitseroel (vitesrode), *défrichement le long de la voie*. Voy. Kil. aux mots *vite*, *wyck*, *treke*, et l'art. *Eelewyt*. Overaeken, *au delà des eaux*. Steenvoord, *chemin de pierre*. C'est ainsi que sont désignés les derniers vestiges de la voie consulaire qui traversait cette commune. Over Belle, *au delà de la Belle*. Sempts, Sempt. Voy. cet art.

TERVUEREN.

Fura, 727, Mɪʀ. F. et Moʟ; *Vura*, 1219, 1227, Mɪʀ; *Le Fura*, 1228, id; *Vueren*, 1374, 1387; *La Vueren*, 1545, 1560, id.

Cet endroit est très-ancien. Sᵗ Hubert y avait une résidence, et c'est là qu'il mourut en 727 ou 730. « Furæ, suâ in domo, piissimè obdormivit, » dit Molanus. Il s'y trouvait un château qui fut détruit par les Normands. Tervueren avait le titre d'oppidum en 1266. Jean II, duc de Brabant, à qui appartenait ce domaine, le donna à l'abbaye du Parc en 1539. Cet endroit fut pris et pillé par les Flamands en 1356.

Cette commune est située sur la Voer (de Vuer en fl.). Son nom signifie *à la Voer*, *Ter Vuer*, comme ter Laenen, signifie *à la Lasne*.

Hameaux.

Moorsloo, *bois du marais*. Château de Ravensteyn.

TESTELT.

Testelt, 1283, Mir ; *Tielstelt*, Gram ; *Testalia, Thestelia* , id.

Sur le Demer. Le nom de cette commune veut dire littéralement *au précipice, à la hauteur escarpée*; elle est, en effet, située au pied d'une hauteur qui s'appelle Voorberg, *mont d'avant*, laquelle est baignée par le Demer. Te Stelt est donc un nom de situation. *Te* est une préposition qui signifie en flamand *à*, *de*, *au*, *par*. Te Brussel, *à Bruxelles*, te nacht, *de nuit*, te mei, *au mois de mai*.

HAMEAUX.

Voort, *chemin.* Hoeve, *ferme.* Rode, *le défrichement.* Averbode, Averbodem, *domaine d'Averus.*

THIELT-NOTRE-DAME et THIELT-St-MARTIN.

Tiletum, 1105, Mir ; *Tiletum Mariæ, Thielt, Tylt*, 1200, Cart. D. B ; *Tila*, 1333, Mei ; *Thielth*, 1125 , Mir.

Ces deux endroits retiennent leur nom d'un bois de tilleuls, d'un *tiletum* ou *tilloi*, le mot roman de tilleul étant *tille*. On dit encore en roman tournaisien une corde de tille, pour une corde faite avec l'écorce de cet arbre. Une image de la Vierge qui attire en ce lieu les pèlerins a valu au premier village le nom de *Notre-Dame.* Le second village est placé sous la protection de St Martin.

HAMEAUX.

Bouckhout (buekenhout), *bois de hêtres.* Heuvel, *éminence, colline.* Berg, *mont.* Kruysstraet, *rue* ou *hameau de la croix.* Kiekebosch, *bois des poulets.* Tolmeer, *marais du péage.* Opthielt, *haut Thielt.* Driesstraet, *hameau de la vaine pâture.* Rest (Rist), *broussailles.* Craesbeek (krasbeek), *fort ruisseau.* De beurt, *la barquette* ou *passage sur un ruisseau.* La petite Motte passe en cet endroit.

THILDONCK.

Tildunc, 1145, Mɪʀ ; *Thieldonka*, 1319 ; *Thieldonck*, 1560, id.

On a vu qu'un donck est une éminence dans un marécage inondé. Le nom de Thieldonc est donc synonyme de *village qui s'élève dans les marais de la Dyle, pagus è Tilia emergens*, comme dit fort bien Grammaye. Cet endroit, encore peu important aujourd'hui, ne comptait que neuf maisons en 1526. Il n'a point de hameau.

THINES.

Thynes, 1134, Mɪʀ ; *Thienes*, 1209, id ; *Thisnes*, 1560, id.

Cette commune est située sur la Thines qui lui donne son nom.

Hameaux.

Fonteny, *la fontaine*. Vieille cour, *vieille maison, vieux couvent*. Brassine, nom de ferme. Vuillampont (Valionpont, 1209, Mir), *pont de Valion*. En 1209, Francon d'Archenne donna tout ce qu'il possédait dans Thines et Valionpont aux Templiers. Ce qui fit que Valienpont, comme on l'appelle aussi, devint une appendice de la Commanderie de Chantraine, près de Jodoigne.

L'ordre des Templiers, qu'on appela plus tard l'ordre de Malte, parce que Charles-Quint lui avait donné cette île, possédait en Belgique plusieurs commanderies très-opulentes. C'étaient les commanderies de Chantraine en Brabant, de Piéton en Hainaut, de Villers-le-Temple en Condros, de Caster et de Slype dans la Flandre occidentale. Les principales possessions de la commanderie de Caster se trouvaient à Gand, à Ypres, à Lille et à Calais.

THOLLEMBEEK.

Tholembeek, Tholembeca, 1452, Mɛɪ ; 1560, Mɪʀ.

Cette commune est située sur la Marque. Son nom a pour radicaux thol, *péage*, et beek, *ruisseau*. Il est identique à *ruisseau du péage*. Un ponton ou une barquette établie anciennement sur cette petite rivière aura été la cause de cette dénomination.

HAMEAUX.

Kleinberg, *petit mont*. Waterhanendries, *larris des poules d'eau*. Sᵗ Léonard. Haezendries, *larris des lièvres*. M. De Smet voit dans le mot *haes* celui d'*havia*, *vautour*. Blyenkeer, *joyeux tour*. Nemerken (nieuwe merken), *nouvelle limite*. Steeveldberg, *mont de la station de l'armée*. Herbant (heerbaen), *voie militaire*. Ce sont là deux souvenirs de l'occupation romaine. La voie consulaire de Bavai sur Assche passait sur le territoire de cette commune.

THOREMBAIS-LES-BÉGUINES.

Thorembaix, 1172, Mɪʀ ; *Allodium de Thorembais*, 1184, 1189, id ; *Thorenbais*, 1197, id ; *Thorembaye les Bégines*, 1560, id.

Cet appellatif a une physionomie toute romane. Dans la langue romane tor est identique à *tour, donjon*, et bais à *marais*. C'est donc *le marais de la tour*, le palus turrium de Grammaye. Cet endroit est situé sur le grand Ry, qu'on nomme aussi la petite Ghète. Les Béguines y avaient un établissement en 1220.

HAMEAUX.

Le culot, *le bout* (du village). Glatigny, Glategnies, Glattiniacum est un *chenil*. Long-pré. Bois des Dames. Château de Mellemont. C'était un ancien refuge de l'abbaye de Villers.

THOREMBAIS-Sᵗ-TROND.

Thorenbais, 1197, Mɪʀ ; 1560, id.

Cette commune est située sur le même ruisseau que Thorembais-les-Béguines et sur l'Orneau. Les deux rives de ces ruisseaux sont couvertes de marais et de prairies ; ce qui confirme l'étymologie que nous venons de donner à Thorembais-les-Béguines, et qui est aussi celle de Thorembais-St-Trond.

HAMEAU.

Ponceaux.

TILLY.

Thyly, 1147, MIR ; *Tilly*, 1379, id ; *Tiliacum, Tilly*, 1560, id.

Le nom de cette commune est synonyme de *demeure sur la Thil*, vieux nom de la Dyle. *Ty* est la finale d'un grand nombre de noms de localité du nord de la France et de la Belgique. Ce mot semble nous être resté de la langue celtique dans laquelle il signifie *maison, habitation* ; il fait au pluriel *tyez*. Nous avons vu que cette finale se modifie de diverses manières, selon la consonne qui la précède, tantôt en *ly*, tantôt en *gy, sy*, quelquefois même en *chy, ky, quy*. Or, comme Silgy, Silchy (formes anciennes de Silly, en Hainaut,) signifie *village sur la Sille*, de même Thy-ly, Thilly veut dire *demeure sur la Thil* ou *Dyle*. Il y avait, il y a quatre cents ans, un château-fort des plus remarquables dans cette commune.

HAMEAUX.

Marbisoux, *petit marbais*, nom d'un village voisin. Basse-Heuval. Ce mot paraît venir du flamand heuvel qui signifie *colline*. Voy. l'art. Gentines. Villers signifie *vilette, petit village, villare, villula*.

TIRLEMONT, *fl.* THEENEN.

Tenœ, Thenœ, 1175, MIR ; *Mons Stienes*, id ; *Tilmontanum*, 1275, MEI ; *Tillemond*, 1507, ROBERT MACQUEREAU ; *Thiel-ès-mont*, 1600, DE RAISSE ; *Thienœ, Tienœ, Tillemonde, Tillemont, Thielmont, Tenismons*, A THYMO.

Telles sont les nombreuses et différentes formes que le nom de cette ville a revêtues. Son étymologie a exercé la plume de beaucoup d'écrivains qui ne l'ont pas comprise. Selon Grammaye, cette ville tirerait son nom d'un bois de tilleuls (*til*, *teul* en roman), arbre encore très-commun de son temps dans les environs de cette localité. Le nom roman du tilleul est, en effet, bien rendu et représenté dans les noms romans de cette ville, mais il n'en est pas de même dans les noms teutoniques et latins. Dans ces derniers, il ne s'agit plus de tilleuls, mais de *saussaie*, d'*oseraie*, et c'est en effet d'une terre de cette nature que vient le nom de Tirlemont. La Mène et la Ghète baignent cet endroit. A l'est et à l'ouest de cette ville on voit encore d'immenses prairies, et la vieille ville paraît avoir été bâtie dans un bas-fond. Or, teen signifie en vieux flamand salicetum, viminetum, *une saussaie*, *une oseraie*. La situation du lieu qui est un bas-fond au milieu des montagnes, et le voisinage de la Ghète et de la Mène favorisent cette interprétation. De Raisse dit de cette ville : « Galli nominant Thiel-ès-Mont, » (*oseraie parmi les monts*).

Tirlemont fut entouré de murs en 1600. On y comptait 1969 maisons en 1526. Cette ville fut prise et fort maltraitée par les Français en 1507.

HAMEAUX.

Les trois tombes romaines. Bookmolen (Bogtmolen), *moulin de la courbe*. Haendoren, *chemin des Wallons*, *des Gaulois*. Voy. Kil. au mot haen, *gallus*, *homo imperiosus*, *homo salax*. C'est la vieille voie romaine qui est désignée ici. Elle passait près des trois tombes. Grimde veut dire quelque chose comme *endroit malfaisant*. Il en est fait mention en 1234 sous le nom de Grimde, Grimda.

TOURINNES-BEAUVECHAIN.

Tourines, 1155 ; *Tornines*, 1172 ; *Thourinnes*, Mir ; *Bavenchien*, 1156 ; *Bavenchain*, 1213, id.

Le nom de cette commune signifie *petite tour, petit donjon*. Beauvechain, *demeure de Bavon*.

Hameaux.

Grande et petite bruyère. L'Espinette, *petite épine.* Le culot, *extrémité, bout* (du village). Les burettes, nom dont la valeur est inconnue.

TOURINNES-St-LAMBERT.

1560, Mir ; *Turinum Sti Lamberti.*

Même étymologie que ci-dessus. La chapelle est placée sous la protection de St Lambert.

Hameaux.

Libertsart , *défrichement de Libert.* Lerinnes, Lerina, *prairies creuses,* de l'allemand Leer, et innes, romanisation du mot *ingen,* prairies. Le Roy avance que cette localité est ainsi appelée d'un noble croisé, Egide de Lerinne, qui, ayant échappé au fer des infidèles, construisit un monastère dans ce lieu en 1225. Mais qui ne voit pas que cet Egide tient lui-même son nom de cette localité ?

TOURNEPPE , *fl.* D'WORP.

Tornepe, IXe siècle ; *Dorp,* 950, Mir ; *Thorneppe,* 1111 ; *Tornepia,* 1133 ; *Dornepia,* 1221 ; *Doirpe,* 1440 ; *Doreppe,* 1435 ; *Doorpe,* 1668. W ; *Dworp,* 1668.

Cet endroit doit son nom à un petit ruisseau appelé Thornepe ou Dornepe dont l'existence est constatée en 1280, et qui veut dire *ruisseau des tours* ou *de la tour :* toren-nap, torre-nap. Voy. Kil. au mot nap, *alveus, alveolus.* Il est d'autant plus probable qu'il a existé en cet endroit un fort gallo-romain, qu'on trouve près de Tourneppe un tombelveld, *le champ des tombes,* et un kesterbeek, *le ruisseau du camp.* Une ferme portait autrefois le nom de den thooren, *la tour,* et les armes de l'endroit sont de gueules à trois tours ouvertes, d'or, crénelées de trois pièces.

HAMEAUX.

Essele, *bois de frênes*, du mot esch, *frêne*, et de *le*, *loo*. Grootheide, *grande bruyère*. Kesterbeek, *le ruisseau du camp*. Zonheide ou Solheide, *bruyère du bois du soleil*. Ce bois était connu, en 818, sous le nom de *Silva sonia*. Rulenroo, *essart du désert*. Vronenbosch, *bois des juges*. De Ziekendries, *le pâturage des malades*. Begyn-bosch, *bois de la Béguine*. Destelheide, *bruyère aux chardons*.

TREMELO.

Cette commune est située sur la Dyle et la Laek à l'extrémité du Brabant vers la province d'Anvers. Nous n'avons rencontré nulle part les vieilles formes de son nom. On trouve bien Rumeloo et Ermeloo. Mais nous ignorons si ces variantes désignent Tremeloo. Dans la première hypothèse, 'T Ruimloo serait *le vaste bois;* dan sla seconde, 'T Ermeloo serait *le bois pauvre* ou *des pauvres*. Ajoutons toutefois que ruimen d'après Kil. signifie aussi *défricher*, 'T Ruimloo serait alors *le bois défriché*.

HAMEAUX.

Einde, *extrémité*, *fin* (du Brabant). Boterstraet, *rue du beurre*. Veldonck, *éminence de la plaine*. Geest, *sablon*. Vondel, *petit pont*. Lange rechten, *longs procès*. Calvenne, *tourbière*.

TUBIZE, *fl.* TUBEEK.

Tubeek, *Tobace*, 877, Mir; *Tobacium*, *Tobace*, 897, id; *Tubecca*, 1059; *Tubace*, *Tubisia*, 1185, Mei; *Tuibeek*, 1254, 1246, Mir; *Tubeeke*, 1560, id.

On disait indifféremment au IXe siècle Tubeek ou Tubach, Wambeek ou Wambach, et en roman Tubice, Tubace, Wambice, Wambace.

Cette commune est située à la jonction de la Senne et de la Sennette, circonstance qui lui a fait donner le nom de Tweebeek, c'est-à-dire *deux ruisseaux*. C'était autrefois une terre franche.

HAMEAUX.

La commune. Renard-Mont, Ripain ou Ripohain, mentionné en 1370, est le nom d'un fief; il est sur la Senne et signifie *hameau de la rive*. Steenberg, *montagne pierreuse*. Le renard. Stehoux, nom de ferme.

UCCLE, *fl.* UKKEL.

Hucle, 1095; *Ucles*, 1117, MIR; *Uccla*, 1179, 1212, id; *Uclos*, 1105, 1117; *Hucclo*, 1130; *Ucclo*, 1150; *Ukulo*, 1201; *Uckele*, 1216; *Uckela*, 1215, id; *Ucle*, 1219; *Uccle*, 1491; *Uckel*, 1560, id.

Cet appellatif provient du bas-latin uccla qui signifie un *pâturage*, *locus pascuæ*. Voy. Ducange. Trois vallons qui traversent le territoire de cette commune de l'est à l'ouest semblent justifier cette étymologie.

HAMEAUX.

Geleysbeek (Glatbeke, 1110), *ruisseau limpide*. Langevelde, *longue culture*. Ziekhuis, *hôpital*. Fleurgat ou Vleurgat (Fleurgat, Vleuggat, 1687, Vleurgat, 1697), *allée du coulombier*, à moins que ce mot ne soit une altération de Fleeuwengat, *endroit enchanteur*. Voy. Kil. au mot *fleeuwen*. Vivier d'oie. Petite Epinette. Verrewinkel, *recoin éloigné*. Engeland, *Angleterre*. Stalle (Stal), *écurie*. Hoef, *métairie*. Château d'Averbode. Château de Gaesbeek. Château de la Ramée. Ferme de Rosendael. Fort Jako ou Jaco. C'est le nom d'un partisan redoutable du temps de Louis XIV. Droeselenberg, *mont des diables*. Neckersgat, *trou des Nickers*. Calevort (Calenvort, 1220, 1231, W), *beau chemin*. Kaerloo, *bois de Charles* (-le-Magne) ou *grand bois*. 'T hof ten horen, *le manoir à la trompe*. Souvenir du tribunal de la vénérie du Brabant. St-Job. Vronerode, *essart des juges*. Grosselberg ou Roesselberg, *monticule roussâtre*. Botendael, *vallée de la pénitence*, ainsi nommée parce que quelques ermites s'y étaient autrefois établis.

VAELBEEK.

Valebeke, 1261, Mir ; 1526, 1560, id.

Grammaye écrit **Waelbeek** et donne à ce mot la synonymie de ruisseau des Wallons. Ce village qui est près de Louvain, ne peut point avoir reçu cette dénomination. Ce serait possible s'il touchait au pays wallon. Cette commune n'avait que 9 habitations en 1526. Elle est située dans un vallon que traverse un ruisseau. C'est la situation qu'indique son nom, *ruisseau du vallon*. Car vael, vale est, à nos yeux, une contraction de *valleye, vallis, vallon*.

VELTHEM-BEISSEM.

Veltom, Bergesem, 1112, Mir ; 1560, id.

Le premier nom indique un village établi dans une plaine. *Domum campestre sonat*, dit Grammaye. En effet, là finissent les monts de Beerthem et de Winxele, et le pays est plat. Bergesem est *la demeure* ou *le hameau sur le monticule*. Cette commune n'a qu'un hameau : Benedenveltem, *bas Velthem*.

VERTRYCK.

1560, Mir.

Sur la Velpe. Vertrek, car c'est ainsi qu'il convient d'orthographier ce nom, signifierait *retraite*, par extension *village à l'écart*, mais nous sommes porté à supposer que Vertryck est une altération de voortrycht, *passage, pont*.

HAMEAUX.

Bosch, *le bois*. Daelhem, *hameau du vallon*. Château de Quabeek. Quant à Redingen, sa valeur ne nous est point connue.

VIEUX-GENAPPE.

Genepia, 1096, Ac. SS ; *Genopia*, 1235, Mir ; *Genapium*, 1136, id.

Sur la Dyle. Voy. pour l'étymologie de cet appellatif l'article *Genappe*. Cet endroit ne comptait que 11 maisons en 1526.

HAMEAUX.

Genpioux (Genoperelia), *petit Genappe*. Vieux manant. Fontenilz. Promeles (Promelia). C'est le nom d'un ancien château-fort qui existait autrefois en cet endroit. Maison du Roi. Bruyère-Madame. Hulincourt, *ferme de Hulin*.

VIEUX-HÉVERLÉ, *fl.* OUD HEVERLE.

Voyez pour la synonymie de cet appellatif et l'âge de l'endroit, l'art. Héverlé.

HAMEAUX.

De hei, *la bruyère*. Eau douce. Steenberg, *mont à pierres*. Ophem, *hameau supérieur*.

VILLERS-LA-VILLE.

Villers, Villare, 1066, Mir ; 1107, id ; 1340, 1349, id ; *Villariensis villa*, Gram ; *Viller*, 1197, Mir.

Sur la Thil. On a vu que Villers signifie une *vilette, villare, villula*, en latin. L'adjonction du mot la Ville sert ici à distinguer cet endroit des autres Villers. Or, on en compte vingt-quatre dans le pays.

HAMEAUX.

Abbaye de Villers. Elle fut fondée vers l'an 1147 du temps et par les soins de St Bernard, quand il vint, en Brabant, au nom du pape Eugène, prêcher la croisade contre les Turcs et les Sarrasins. Elle était de l'ordre de Citeaux. On admire dans ce hameau les belles ruines de cette abbaye.

VILVORDE, *fl.* VILVORDEN.

Filfurdo, 779, 844, MIR; *Filfort*, 947, id; *Fillefurt*, 972; *Filfurt*, 1122; *Filfordia*, 1192; *Filforden*, 1239, 1385, id; *Filford*, 1243; *Filvorde*, 1252, 1254; *Vilvort*, 1265; *Filforde*, 1294; *Vilvoerden*, 1410; *Vilvorden*, 1415; *Vilvoirden*, 1641.

Cette ville située au confluent de la Woluwe et de la Senne est nommée Filfurdum dans un acte de donation de l'empereur Charlemagne de l'an 779. C'était, comme Rupelmonde, une prison d'état pour les nobles du Brabant qui commettaient quelque crime. Elle comptait 327 maisons en 1526. Son château-fort qui était des plus remarquables, fut ruiné par les Flamands en 1374. Voy. Mei.

Vilvorde était donc déjà connu du temps de Pepin de Herstal, bisaïeul de Charlemagne, roi des Franks et des Lombards, plus tard empereur des Romains. Du temps de ces princes, l'allemand était la langue de la cour et de la chancellerie. On s'en aperçoit facilement à la rédaction des actes publics de cette époque; on ne sera donc pas étonné d'apprendre que le nom de cette ville est tout allemand. *Pfuhlfort* signifie *passage du bourbier*. Ce sont évidemment les Romains qui, en construisant la voie militaire à travers les immenses marécages où plus tard s'est élevé Vilvorde, ont été la cause de cette dénomination.

Dans une note sur Filfurdum, Miræus dit : « *Furdum, furtum*, seu *fordum*, idem est quod vadum. » C'est aussi à ce radical allemand *fort*, en flamand *voorde* que Francfort sur le Mein doit son étymologie. Il en est de même de Francfort sur l'Oder, d'Amersfort sur

14

l'Eem, en Hollande. Ce dernier appellatif qui se compose de trois radicaux Eems-mers-fort est identique à *passage des marais de l'Eem*. De la même source découle la synonymie de Steinfürt sur l'Aa en Westphalie, enfin d'Erfürt en Thuringe sur la Gère. Ce dernier appellatif a pour radicaux *er*, fleuve, et *fort*, passage.

Les personnes qui, sans la connaître, flétrissent du nom de patois la langue flamande, la noble fille du vieux teuton, pourront voir dans le cours de ces études qu'aucun idiome, si ce n'est le grec, n'est plus riche et ne se prête mieux à la composition des mots. Ne faut-il pas, en effet, toute une phrase française pour exprimer la signification de Vilvorde ou d'Amersfort?

Si nous étions né sur les bords de la Lys, de la Senne ou du Demer, on pourrait, peut-être, nous reprocher un excès d'amour filial pour cette langue, quand nous exaltons sa beauté et sa puissance; mais il n'en est pas ainsi; nous sommes Wallon, et dans notre bouche cet éloge de l'idiome de nos frères des Flandres et du Brabant ne peut paraître suspect ni intéressé. On n'y verra qu'un hommage sincère rendu à la vérité.

HAMEAUX.

Les trois fontaines. Houtem, *hameau du bois*. Koninxloo (Koningsloo), *bois du roi*. Bollekesbosch, *bois des petites boules*. Château de Bouchout. Château de Herlaer. Château de Linterpoorte. Dambrug, *pont de la digue*.

VIRGINAL-SAMME.

Villa de Vergenoul, 1150, Mir; *Versenaux*, 1340; *Verginal*, 1560; *Versenal*, 1600, T. B.

Sur la Sennette. Versaine-eau ou Versen'eau veut dire *jachère dans l'eau*. Cet endroit est situé, en effet, dans un endroit aquatique et plein de sources. On en compte jusqu'à 17 qui ont toutes un nom particulier. Voy. le Dictionnaire roman de Roq. et celui de l'Académie française au mot *versaine*. Samme qui faisait autrefois partie du village d'Ittre, veut dire *endroit aux sureaux, sambucetum.* Voy. Roq. au mot *same.*

HAMEAUX.

Haute et basse bruyère. Dujacquis, nom de ferme. Bouton-rouge, nom de fantaisie.

VISSENAKEN-St-MARTIN, St-PIERRE.

St-Mertens-Fennache, 1186, MIR; *Fenacum,* MIR. F; *Vesnake,* 1318, id; *Wessenaken, Wassenaken, St-Himelins-Vissenaken,* VIIe siècle.

Ces deux villages n'en faisaient qu'un seul autrefois. Ils portaient au VIIe siècle le nom de Vissenaken-St-Himelin, parce que ce saint y a eu sa sépulture. Vissenaken est sur le ruisseau dit le Roosendael. Son nom signifie *pré aquatique.* On voit en effet à l'index onomasticus des Ac. SS., vol. 27, que le mot *fene*, altération de *ven*, est identique à *pascuum.* Pour le mot *aken*, voy. les Prolégomènes.

HAMEAUX.

Gunningen, *prairies fertiles.* Streek, *ligne, limite.* Daelhem, *hameau du vallon.*

VLESEMBEKE.

Vlesembeke, 1211; *Vlesenbeke,* 1280; *Vlasenbeke,* 1351, MIR; *Vleesenbeke,* 1388, B. Y; 1435, W.

Cette commune a reçu son nom d'un petit ruisseau nommé *la Vlees* qui y passe. C'est à tort qu'on a vu dans ce mot *le ruisseau du lin.*

HAMEAUX.

Zobbroeck (zogbroeck, zeugbroeck), *marais des truies.* Groenenberg, *vert mont.*

VOLLEZEELE.

Volenzeele, 1180 , Mir ; 1310, 1429, id.

La plus vieille forme de ce nom nous en donne la synonymie. Volen, veulen sont des *poulains.* Voy. Kil. à ce mot. Ce nom veut donc dire un endroit où l'on élève les chevaux , un *haras* en quelque sorte. Ce dernier vient du mot latin *hara,* étable.

VOSSEM.

Fosse, 1129, 1140, Mir ; *Foshem* , 1239 , 1328 ; *Fossen,* 1284, id ; *Vossem,* 1400 ; *Voshem,* 1239, 1491, W ; *Vossem,* 1560 , Mir.

Cette commune est située sur le Voer, dans un bas-fond. Son nom l'indique. Il est identique à *village de la fosse, du bas-fond.*

HAMEAUX.

Haut-Vossem. La ferme de Groenendael. La ferme des douze apôtres. De vaerenberg, *le monticule du ruisseau.*

WAENRODE.

Waenrode , 1560 , Mir.

Il est incertain si le Randerode de Divæus de l'an 1225, et le Lansrode de 1229 de Miræus s'appliquent au nom de ce village. Nous avons vu que le peuple, pour perpétuer la mémoire des bienfaiteurs de l'humanité, avait attaché au nom d'un grand nombre d'essarts celui du premier cultivateur qui avait rendu à la culture ces terrains jusqu'alors improductifs. Ceci s'est fait dans le Brabant comme dans le Hainaut. Waenrode est notre mot wallon Jean-sart, *essart de Jean*, de même que Waenzeele signifie *la demeure de Jean.*

HAMEAUX.

Blystraet (blye), *rue de la catapulte,* ou blyde-stract, *rue de la gaîté.* Schepbroeck (schaepbroeck,) *marais aux moutons.* Ratten-bergstraet, *rue de la montagne des rats* ; il faut lire peut-être Roden-bergstraet, *hameau du mont du défrichement.* Borgeiken, *le chêne du bourg.* Vaenrode, corruption du mot même du village. Op d'eynde, *à l'extrémité.* Grootrode, *grand essart.*

WALHAIN-St-PAUL.

Walhainium, 922, 1289, Mir ; *Walehem*, 1181, 1184, id ; *Wallehem*, 1213, B. Y ; *Walem*, 1302, Mei ; *Walhain*, 1312, Mir.

C'était un ancien comté. Le nom de ce village, situé à l'extrémité du Brabant vers le Hainaut, veut dire *village wallon.* C'est évidemment la traduction de Waelbem. Toutefois il peut encore signifier *village du chemin* (wal, agger). Or, cette commune est située sur l'emplacement de la voie romaine qui allait de Bavai à Cologne.

HAMEAUX.

Jonquoi, *la jonchaie.* L'hermitage. Les trois tilleuls ; c'est le nom d'un hameau ; il se rencontre assez souvent. Une idée religieuse n'aurait-elle point présidé à ces plantations ? Ce nombre trois est à remarquer, c'est la Trinité chrétienne. St-Paul. Sart-lez-Walhain, Zerbais, locution wallonne pour *à zes bais, les marais.*

WAMBEKE.

Wamback, Wambace, 895, Mir ; *Wambeca*, 1156, id ; *Wambeek*, 1112 ; *Wambeccha*, 1112, id ; *Wambecha*, 1229, id ; *Wambiek*, 1310.

Cet appellatif a pour premier radical le verbe wamen, qui veut dire t *faire monter la vase, la charier*. Il est donc identique à *ruisseau aux eaux troubles*. C'est évidemment l'antithèse de Lembeek.

HAMEAUX.

Terlinden, *aux tilleuls*. Overdorp, *hameau au delà* (du ruisseau). 'T hoff te boschen, *la ferme dans le bois*.

WATERLOO.

Wareloos, Ac. SS, XI° siècle; *Waerelo*, 1321, MIR.

Village qu'un seul jour rendit à jamais fameux. Son nom signifie *bois gardé, bois en défense*. Il a pour radicaux les mots loo, *bois*, et waeren, *garder, conserver*, d'où vient le mot *warande, garenne*. Le mot loo, dérivé probablement du mot grec *loptos*, a passé dans la langue romane avec la signification de *montagne, éminence*. Waerloo était donc anciennement un parc, un *brogilum vallatum* pour la réserve du gros gibier. Il était situé dans l'antique forêt du soleil.

HAMEAUX.

Chenois, *chenaie*. Joli bois. Route de Tervueren. Roussart, *essart de Rodulphe*. Vieux amis. Mont-S'-Jean. Imohain, nom d'un hameau du village de Hoain, et qui veut dire *bas Hoain*. Vert coucou. Genval, nom d'un village voisin. La marache, *terre basse plantée en légumes*. Petit Paris. Bodrisart, *sart de Baudry*. Bierges, *petites hauteurs*. Schovaymont, *mont au sureau*. Voy. Roq. au mot *schovie*.

WATERMAEL-BOITSFORT.

Wattermala, Vuatermala, Charte du roi Lothaire confirmée en 888, 950 et 966; *Watremale*, 1138 1172, MIR; *Watermale*, 1180, 1221; *Watermalle*, 1271, 1296, id; *Watermael*, 1560, id.

Sur la Woluwe. Village très-ancien. Son nom veut dire *borne de la garde.* Voy. à ce sujet l'art. Dormael. Quant à Boitsfort, Boistfort (Boutsfort, 1287, Boudesfort, 1227, Boutsvoirt, 1482), ce nom signifie *château de la pénitence, fort du repentir.* On y avait construit autrefois une prison pour y retenir les braconniers et autres justiciables du Tribunal de la Foresterie.

Watermael semble donc avoir été, dit M. Wauters, du temps des rois carlovingiens, le lieu où se réunissaient les officiers royaux préposés à la garde de la forêt de Soignes, et, en effet, au moyen âge, c'était dans le ressort de son échevinage que siégeaient deux cours domaniales dont les attributions avaient pour but principal la conservation des prérogatives du prince ; le Consistoire de la Trompe à Boitsfort et le Tribunal du Droit Forestier à Woluwe-St-Pierre. Cette commune comptait 120 maisons en 1526.

HAMEAUX.

Auderghem (parochia de Oudrenghem, 1257, Oudrenghem, 1280, Ouderghem, 1379), c'est-à-dire *demeure du vieillard.* S'il est vrai qu'on a dit Averghem, ce serait *la demeure dans la contrée verdoyante,* du mot allemand *ave.* Cet endroit est, en effet, dans un vallon. Un couvent de Dominicaines y fut fondé au XIIIe siècle par Aleyde de Bourgogne, veuve de Henri III. Il prit le nom de Val-Duchesse, *Vallis Ducissæ, 'S Hertoginne-Dael.* Rooden-clooster, *rouge cloître,* Ainsi nommé parce que les parois extérieures du couvent étaient recouvertes d'un ciment rouge. Galgenberg, *le mont de la potence.* Lammerendries, *le pâturage aux agneaux.* De Dryenborren, *les trois fontaines.* Kaergat, *endroit chéri,* du mot saxon *karen.* Voy. Kil. à ce mot. Boondael (Bondale, 1234, Villa de Bondale, 1246), *vallée des cultivateurs.* Tombloeck, *enclos des tombes.* Duivelsdelle, *vallée du diable.*

WAUTHIER-BRAINE.

Waltheri Brania, 1181 ; *Wauthy-Braine,* 1560, Mir ; 1690, T. B.

Un seigneur ou colon du nom de Walter, en roman Wauthier ou

Gauthier, a attaché son nom à cet endroit. Quant à Braine, voy, l'étymologie de Braine-l'Alleud auquel ce dernier confine.

On trouve dans le Brabant trois localités du nom de Braine : Wauthier-Braine, Braine-le-Château et Braine-l'Alleud, et dans le Hainaut Braine-le-Comte. Braine-l'Alleud (Brania l'Alluet, 1280, Brania allodii) est ainsi nommé, parce que c'était un alleu ou propriété personnelle de Henri Ier, duc de Brabant.

La Senne a porté dans l'ancien temps le nom de Brania. On en a inféré que toutes les communes du nom de Braine ont reçu leur dénomination de cette rivière. C'est une erreur. On voudra bien remarquer que Braine-le-Comte seulement est sur la Senne et les autres Braines sur le Hain, ruisseau qui se jette dans cette rivière près de Clabecq. Or, comme les principales sources de la Senne sont à Braine-le-Comte, il n'est pas étonnant qu'on l'ait nommée Brania, comme qui dirait la rivière qui vient de Braine.

HAMEAUX.

Hautes et basses Noucelles ou Nouzelles, c'est-à-dire *novales*, terres récemment mises en culture. Voy. Roq. au mot *noue*.

WAVRE, *fl.* WAVEREN.

Wavera, 1086, MIR ; 1134, 1138, id ; *Wavere*, 1159, Cart. de T ; *Wavria*, 1234, B. Y ; *Wavera monachorum*.

Sur la Dyle. Cette petite ville très-ancienne a pris naissance au milieu d'une forêt appelée Waverwald, dont elle a retenu le nom. Waverwald signifie *bois aquatique, bois dans la prairie*. Il a pour premier radical ave, mot allemand, qui signifie *pré, prairie*, et wald, *bois*, autre mot allemand. La Dyle traverse cette ville du sud-est au nord-ouest. Elle avait 245 maisons en 1526. On voit que la lettre *w* est encore parasite dans le premier radical du mot Waverwald.

HAMEAUX.

Rys, nom de ferme. Haute et basse Wavre. Stad, *la ville*, Aisc-mont ou Louvrange, nom d'une seigneurie. Château de la Bavette. Laurentsart. Champ de la tombe.

WAYS.

Baisense allodium, 1078, 1189, MIR ; *Wais*, 1255, id ; *Waes*, 1406, id ; *Waysium*, GRAM.

Cette commune est située sur la Dyle, tout près de Genappe, dans un bas-fond. Il ne faut donc pas s'étonner que son nom signifie un *endroit baigné par les eaux.* Car telle est la signification de *wai*, mot celtique identique à *vallée aquatique*, et du mot roman *waée* qui en vient. Ces deux mots ont une grande affinité avec le mot al-lemand wasser, *eau.* Ways peut encore être la contraction de ce dernier. Quant au changement de *w* en *b*, voy. l'art. Wemmel.

HAMEAUX.

La hutte. Bois de la hutte. Ferme de Ruart, ancienne seigneurie. Ferme de Glabjoux, *antiquitùs* Glabisoul, qui est synonyme de *petit Glabais*, village voisin. Château de Ruart, *antiquitùs* Ruwa.

WEBBECOM.

Webbecum, 1254, MIR ; *Weide, Wedde*, 1560, id.

Cette commune est située sur le Demer. Son nom est identique à *village du ruisseau des pâturages.* Quoique fort altéré dans son or-thographe, il est encore reconnaissable. Ses radicaux sont wei, beek, om. Or, wei signifie *pâturage*, beek, *ruisseau*, et om, em, *demeure*, par extension, *village.*

Weide, Wedde, autres noms de cette commune, signifient tout simplement *le pâturage.* La synonymie que nous venons de donner du nom de Webbecom convient et caractérise parfaitement bien la situation de cet endroit. C'est une des plus belles plaines qu'arrose le Demer ; elle est couverte en été d'une innombrable quantité de bestiaux. C'est, en un mot, le Furnenbach de la Flandre.

HAMEAUX.

Oud Webbecom, *vieux Webbecom*. Kloosterberg, *monticule du cloître*. Aerdeweg, *chemin de terre*. Bosteresstract, *rue ou hameau des botrèses*, femmes du peuple à Liége. Le savant Grangagnage, dans son Dictionnaire étymologique de la langue wallonne, écrit que ce nom vient du mot *bot* (hotte). La botrèse, dit-il, est une femme dont le métier est de transporter dans un *bot* des denrées ou fardeaux quelconques, pour son compte ou comme mercenaire.

WEERDE.

Weerde, 1120, Mir ; *Weerda, Werde*, 1230, Cart. D. B ; 1260, Mir; *Weerde*, 1283, 1433, 1491 ; *Vuerda vicus; Werd*, 1265, id.

Sur la Senne. Cet endroit était, comme Sempst, rien qu'une prairie marécageuse, que l'on transforma plus tard en polder. La marée venait anciennement jusqu'en cet endroit. On appelle weerd un terrain desséché, puis endigué. Ce mot vient du verbe weeren, waeren, *servare, tueri, préserver, garantir, protéger*. Weert, province d'Anvers, Weert, hameau de Grand-Spauwen dans le Limbourg, puisent leur étymologie à la même source. Voy. au surplus l'art. Hauwaert et le suivant.

HAMEAUX.

Denberg, *le monticule*. Weerdenhoek, *le coin de Weerd*. 'T hoog huis, *la haute maison*. Haesenhof, *la ferme des lièvres*.

WEERT-Sᵗ-GEORGES, *fl.* Sᵗ-JOORIS-WEERT.

Weerdt, Weerda Sᵗⁱ Georgii, Weerde, 1129, Mir ; *Werd*, 1265 ; *Sᵗ Jooris Weert*, 1283, id.

Cette commune est située sur les bords de la Dyle. C'est aussi à des travaux humains faits dans le but de soustraire aux inondations son territoire, qu'elle doit sa dénomination d'*endigage*. Elle comptait 62 maisons en 1526. Elle n'a qu'un hameau : Broeckgat, *trou* ou *fond du marais*.

WEMMEL.

Wambelne, 1111, 1210, 1215, Mir ; *Wemmela*, 1143, Div ; *Wamblene*, 1138, Cart. d'Afflighem ; *Wamblinæ*, 1147, Mir ; *Wamblinis*, 1176, 1227, W ; *Wemmele*, 1258, 1389, 1435, id. On trouve en outre *Venblena*, *Wamblena*, *Wamble*, *Wembelne*, *Wammelna*.

L'étymologie de ce nom ne fut point facile à trouver. Pour la bien comprendre, il faut se rappeler que, dans le mécanisme du vieux langage, on employait le *b* au lieu du *v* et du *w*. On trouve, en effet, *balvæ*, *dies beneris*, *cerborum*, au lieu de valvæ, dies veneris, cervorum. Vice-versâ, le *v* remplaçait le *b : vatiola*, *varo*, *venna* se disaient pour batiola, baro, benna. Or, de Bahnmeile on a fait ici Wahnmeile, dégénéré plus tard en Wammel, Wemmel. C'est le nom de ce village en 1143.

Nous avons établi dans les Prolégomènes que le chemin des Romains passait dans ce village. Or, Bahnmeile en allemand, Banmyle en vieux flamand, signifie une *borne milliaire*.

Wemmel était traversé par un embranchement ou voie romaine secondaire qui reliait Merchtem à Bruxelles en passant par Brusseghem, Wemmel et Jette. A Wemmel était la seconde pierre, *secundus lapis*, (meilesteen), en partant de Merchtem. La distance est d'environ 2,100 pas géométriques. Voy. au surplus l'art. Peuty.

HAMEAUX.

Ten kerkhove, *au cimetière*. Ten bossche, *au bois*. Ten guchte, *au hameau*. Ten hasselt, *la pente*. Ter elst, *à l'aunaie*. Ten obbergen (opbergen), *le monticule*. Die zype, *le bas-fond*.

WERCHTER.

Werchter, 1228, Mir ; *Werchtra*, 1320, id.

Cet appellatif est altéré dans son orthographe. Il serait incompréhensible si la position géographique du village était moins connue. En effet, cette commune est située et resserrée entre la Dyle, la Laek et le Demer qui en font en quelque sorte une île. Or, Werder, Weerder signifie en vieux flamand *une île*. Voy. Kil. à ce mot.

HAMEAUX.

Grande rue. Hoogland, *terrain élevé, terre haute.* Hanewyck, *hameau des poulaillers.* Kleynstraet, *petit hameau.* Beverlaek pour Bovenlaek, *au delà de la Laek.* Vaerent ; ce mot est altéré dans son orthographe ; le *t* final est un abus ; Vaeren sont *les passages.* Wakkerzeel, *échauguette, corps de garde.* Veldonck, *donk de la plaine.* Hoogdonck, *haut donk.* Kolpstraet, *rue du golfe ;* en grec kolpos. Cette dénomination n'est vraisemblablement pas réelle ; ce n'est tout au plus qu'un nom de comparaison, de fantaisie.

WESEMAEL.

Wesemaele, 1187, 1215, Mei ; *Wezemael*, 1235, Mir ; *Westmael*, 1254, id ; *Wesemalia*, 1225, Div ; 1280, 1304, Mir ; *Wezemale*, 1260, 1298, Cart. C. F ; *Wesemaille*, 1320 ; *Winsmael*, Gram ; *Wesimalia*, 1302, Mei ; *Wezimael*, 1305, id.

Nous voici de nouveau en présence d'un de ces mots terribles qui ont failli faire perdre la tête aux Grammaye et aux Wendelin ; Mael ! Wesemael ! Le premier de ces écrivains suppose que le nom de Wesemael a été donné à ce village à cause d'un moulin ou d'un droit sur la mouture que percevait le seigneur du lieu ; supposition toute gratuite qui ne donne pas même une étymologie à demi-satisfaisante du nom de cette commune. Ainsi qu'on a pu le voir dans le

Proemium de cet ouvrage, l'occupation romaine, les travaux effec-
tués pendant cette époque dans notre pays qui n'avait été jusque-là
que bois, plaines, bruyères et marécages, sauf quelques bourgades
clair semées le long des fleuves, fut une cause féconde de dénominations locales. Les voies militaires qui ouvraient les communications
d'un village vers un autre, qui facilitaient des rapports jusque-là
inconnus au peuple, ont dû nécessairement attirer l'attention publique et se sont vues signalées comme des fanaux d'utilité et d'importance.

Parmi les villages qui doivent leur nom aux travaux des Romains,
il faut compter Wesemael. Celui-ci était placé sur la voie militaire qui d'Assche atteignait Aerschot. Le nom de Wesemael n'est
qu'une altération des plus naturelles de *Wegsmael*, qui signifie
borne du chemin, borne milliaire. Or, Wesemael est précisément placé
à la distance de mille toises d'Aerschot. Voy. les art. Elewit,
Melckweser et Dormael.

HAMEAUX.

Beversluis, altération de Eversluis, *écluse du passage.* Steenweg,
voie romaine. Langestract, *longue rue* ou *long pavé.* Overveld,
plaine supérieure ou *au delà de la rivière.* Dorp, *le village.* Vlasse-
laer, *plaine au lin.* Dutzel, *le hameau germanique.*

WEZENBEEK.

Wesembecca, 1127, MIR; *Winsenbeka*, 1129, W; *Wisenbeka*,
1140, MIR; *Wensenbeke*, 1145, id; *Wisenbeche*, 1154, id; *Wi-
sembeche*, 1159, Cart. de T; *Wesenbeke*, 1210; *Wesebeke*, 1229,
MIR; *Wesenbeke*, 1435, W.

Il faut nécessairement considérer toutes ces vieilles formes et
notamment celle du Cartulaire de Tongres comme une légère altération de Wiesenbeke. Or, ce mot tant en allemand qu'en flamand
signifie *pré, pratum.* Wezenbeek est donc synonyme de *ruisseau des*

prés. Le rivelet qui coule en cet endroit porte aujourd'hui le nom de Vuyl ou Weesenbeek. Cette commune ne comptait que 33 maisons en 1526.

HAMEAUX.

De Hunnaert, *la terre des Huns*. Ophem, *hameau supérieur* ou *le haut du village*, car le reste est dans les prairies.

WESPELAER.

Wispelaer, 1286 ; *Wisplar*, 1288, MIR ; *Wespelair*, 1455.

Le nom de cette commune est identique à *plaine, bruyère aux guêpes*. Si le *w* dans ce mot n'était que parasite, espelaer signifierait une *tremblaie*, c'est-à-dire *un endroit planté de trembles*. Voy. Kil. au mot wesp, *guêpe*, et laer, *larris, locus incultus et vacuus*.

HAMEAUX.

Château d'Amboise. Nederassent ou Neerassent (Neeraxel, 1560), hameau commun au village de Caggevinne-Assent ; voy. cet art. pour l'étymologie. Ce nom signifie ici *Bas-Assent*. Neerstraet, *basse rue*. De wolvenbeek, *le ruisseau des loups*. Nederasschendries, *vaine pâture de Nederassent*.

WILLEBRINGEN.

Willebrinca, 1148, 1302, MIR ; *Willenbringen*, 1197, id ; *Willenbringh*, 1560, id.

Cet endroit est situé sur les bords du Jordanschebeek. Son nom n'est pas autre chose que la syncope de Willebeeringen, *prairies des porcs sauvages, des sangliers*. Ce village comptait 83 habitations en 1455. Il n'a qu'un hameau : Houdsem ou Honsem, hameau commun à Meldert. Voy. cet art.

WILLESELE.

Willsela, GRAM; *Wilsel*; *Vilsen*, 1560, MIR.

Cette commune est sur les bords de la Dyle et contigue à Louvain. Selon Grammaye, ce serait le *lieu de la victoire*, parce qu'Arnould, comte de Louvain, y aurait détruit les Normands au IX° siècle. Mais le premier radical repousse cette étymologie forcée. Wildsele, *c'est la demeure dans le bois, domus silvestris*, du mot allemand wild, *silva, bois*.

HAMEAUX.

Wilseleboven et Wilselebeneden, *haut et bas Willesele*.

WINGHE-St-GEORGES.

Winga Sti Georgii, 1229, MIR; *Winge*, 1560, id.

Le mot wing ou winghe n'existe pas dans la langue; c'est une altération de winkel, *coin, réduit*. Telle est la synonymie de Winghe. St Georges est le patron de l'église du lieu qui comptait 116 maisons en 1435.

HAMEAUX.

Bensberg (bœensberg), *mont des reliques*. Den hoek, *le coin*. Motbroek, *marais de la truie*. Ferme de Bremberg, *du mont de genet*. Iersch pagthof (lisez pacht-hof), *métairie irlandaise*. Kwade poorte, *méchante porte*. Overwinghe, *haut Winghe*. Gempe, dont il est fait mention en 1250, n'existe pas dans la langue flamande; ce mot nous paraît venir de l'allemand sumpse qui signifie *bourbier, gouffre, marécage*. On voit en cet endroit un grand vivier. C'est là que fut transféré en 1229 le couvent des Nonnains de l'ordre des Prémontrés fondé à Pellemberg, dix ans auparavant, par Renier d'Udekem. Le hameau qui porte le nom de Klooster rappelle ce *couvent*.

WINXELE.

Winxeele, 1227, Mir; *Winxel*, 1229, id; *Wincsela*, Gram.

Ce mot est pour Winkelsele qui signifie *village du coin*, *anguli domus.* C'était probablement une dépendance d'un autre village.

HAMEAUX.

Winxele-Delle, *vallon de Winxele.* Voy. Kil. au mot delle. Montagne de fer. Wythaanschen hoek, *hameau du coq blanc.*

WOLUWE-St-ÉTIENNE, *fl.* St STEVENS WOLUWE.

Wiuluwa, Xe siècle; *Wolewe*, 1048, Mir. F; *Wolwa*, 1167, Cart. D. B; *Wolue Sti Stephani*, 1282, W; *Woluwe-ten-Voerde*, 1406; *Sinte Stevens Woeluwe*, 1455; *Sint Stevens Woluwe*, 1686, id.

Cette commune reconnaît St Étienne pour son patron. Elle est située sur la Woluwe qui lui donne son nom. Elle n'avait que 29 maisons lors du recensement de 1526. Son nom est identique à *Paroisse St-Étienne sur la Woluwe.*

HAMEAUX.

Klaroenberg, *mont des clairons.* 'T hoff ter eyken, *la ferme du petit chêne.*

WOLUWE-St-LAMBERT, *fl.* St LAMBRECHTS WOLUWE.

Wolewe, 1117; *Woluwa*, 1187; *Woluvia*, 1203; *Wolue*, 1290; *Wolua Sti Lamberti*, 1237; *St Lambrechts Woluwe*, 1686; *Op Weulen*, W.

Même étymologie que ci-dessus. Ce village comptait 68 foyers en 1435. Il est appelé St-Lambert, du nom de ce disciple de St Ghislain, auquel l'église de la paroisse est dédiée.

HAMEAUX.

Roodebeek, *le rouge ruisseau.* Lindeplein, *la plaine du tilleul.* Ellendige Marie, *Ste Marie la lamentable.* Elle est le sujet d'une légende que l'on trouve dans Wauters. Gulde delle, *le vallon d'or.* On croit généralement que cette localité est ainsi nommée à cause de la beauté de son site. Cependant, comme la voie romaine traversait ce vallon, ainsi que nous l'avons établi aux Prolégomènes de cet ouvrage, il ne paraît pas impossible que des trouvailles d'un métal précieux, faites à une époque reculée, et dont on a perdu le souvenir, lui aient valu cette dénomination de *vallon d'or.* Les stuivenbergen ou *monts des sous* ne doivent-ils point leurs noms à des découvertes de monnaies romaines?

WOLUWE-St-PIERRE, *fl.* St-PEETERS-WOLUWE.

Wolewe, 1154; *Obwolewa,* 1164; *Wolewe Sancti Petri,* 1409; *St-Peeters-Woluwe,* 1435.

Cette commune ne faisait autrefois qu'un seul village avec Woluwe-St-Lambert auquel elle confine. Tous deux portaient alors le nom de Opwoluwe, à cause de leur position en amont sur cette rivière. Elle n'a qu'un hameau : Stockel (Stocle, 1275), *bois des troncs, bois défriché.* On sait que la finale *l, el* n'est que l'abréviation du mot *loo.* Voy. Hoe. à ce sujet.

WOLVERTHEM.

Vulvrethem, 1095, W; *Wolverthem,* 1112, M_{IR}; *Vulvrethem,* 1145, id; *Vuolverthem,* 1179; *Wolversem,* 1251; *Wolverthem,* 1253, id; 1435, 1496, W.

Le plus vieux nom de cette commune signifie *manse de Vulfert* ou *Vulfart.* Nous n'ignorons pas que le sceau ou sigillum de ce village offrait des armes parlantes ; c'était un loup emportant un agneau. Or, la plus vieille dénomination ne désigne pas un loup, mais un

15

nom propre, celui de Wulfert. C'est dire que nous ne pouvons admettre la synonymie de *village des loups* que l'on donne à Wolverthem.

HAMEAUX.

Muiseghem (Mosengen, Moseghem, 1147, Mir.), *le hameau des fleurs*. Neerum (Neerhem), *le bas du village*. Westrode, *essart de l'ouest*. Boschkant, *côté, voisinage du bois*. Rossem, *hameau de la rosse, de l'haridelle*. Boschkantveld, *culture du bois*. Impde. Cet endroit était connu en 1147 sous le nom latin d'Immechia, *basse demeure*, de *imus* et *chi*. Quant à Impde, ce mot paraît provenir de Sumpf, *marais*. Il a conséquemment une synonymie identique à Immechia.

WOMMERSOM.

Wulmersem, 1201, MIR et GRAM; *Wolmersem, Wolmershem*, 1221, 1310, 1356, MIR.

Cet endroit est situé sur la Ghète. Son nom est identique à *manse, habitation, héritage* de Wolmer.

HAMEAUX.

Walbergen (Walseberg, 1221), *monts du bois*. Acat, nom sans signification connue.

ZELLICK.

Sethleca, 974, Cart. St Bav; *Sechleca*, 974, MEI; *Sedleca*, 1019; *Selleca*, 1108; *Zellecha*, 1148, MIR F; *Selescha*, 1170; *Seleca*, 1174; *Zellich*, 1427; *Zelleke*, 1432, Hist. de St Bav.

Cette commune est située à l'est de Laeken, auquel elle confine, et sur un petit ruisseau qui vient se jeter dans la Senne à Laeken.

Nous avons vu que le nom de ce dernier signifie *petit lac*. Il paraît que Zellick ne se trouvait point dans une condition meilleure quant à la situation. En effet, la forme de 974 que donne le Cartulaire de l'abbaye de St Bavon, et celle de l'annaliste Meier, lui donnent la valeur de *lac* ou *marais aux joncs, aux glaieuls*, de *jonchaie basse*. Cet appellatif a pour premier radical seck, en latin *carex, jonc*, et pour second le mot leegte qui signifie *vallée, profondeur, lieu bas*. Voy. Kil. aux mots cités. Cette étymologie caractérise parfaitement la localité.

On voit par l'étymologie que nous avons donnée de leurs noms, que les villages situés sur la rive gauche de la Senne, tels que Anderlecht, Zellick, Laeken, Vilvorde, Sempt et Werd ne constituaient primitivement qu'un vaste marécage. Résumons ici ces étymologies. Anderlecht c'est la *mare d'eau*, Zellick, *la basse jonchaie*, Laeken, *le petit lac*, Vilvorde, *le bourbier*, Sempt, *le marécage*, et Werdt, *le polder, l'endiguement*. Tous ces noms nous révèlent la topographie ancienne de cette partie du Brabant. Voilà évidemment un des *paludes* de César.

HAMEAUX.

Den bourquoy, *le bourre-quois*, c'est-à-dire *le gîte des canards*. Voy. Roq. à ces deux mots. Het broek, *le marais*. Bas Zellick (Netherselleca juxtà Bursellam, 1108, Cart. St Bav). Den orinck, *le grand cercle*.

ZETRUD-LUMAI, *fl.* ZITTAERT-LUMMEN.

Zittaert-Lummen, 1152, MIR; *Zetrud*, 1155; *Zittaert*, 1560, id; *Zetru*, 1560, id; *Linnen, aliàs Lummen vel Lumai*.

Sur la grande Ghète. Le village de Zetrud et Lumai, son hameau, sont situés dans un bas-fond sur la rive droite de la vieille Ghète, au sud d'Hougaerde auquel ils sont contigüs. Zittaert (Zetrud) et Lumai paraissent être des noms que nous avons appelés noms de situation et qui sont en même temps des noms d'opposition respectivement à d'autres dénominations de localités voisines. C'est ce qu'il s'agit de démontrer ici. Hougaerde, comme nous l'avons dit à cet article, signifie *terre élevée*. C'est un nom de situation. Le village de Zittaert, qui touche à Hougaerde, en est l'antithèse. Il signifie *terre basse*, zit-aerde. Ce mot, en effet, a pour premier radical sit ou zit, mot qui entre dans zit-kussen, zit-stede, zit-stael, mot intraductible en français, mais dont la puissance répond à celle du mot grec *xata*, *bas*.

Il pourrait aussi se faire que zit-aerde ne fût qu'une altération de zuid-aerde, *terre du sud*. Or, c'est encore la position de ce village par rapport à Hougaerde. Ce qui nous porte à émettre cette supposition, c'est que, en l'admettant, Zetru, forme de 1560, serait la traduction de Zuidaert. En effet, treu dans la langue romane signifie *trou*, *fossé*, par extension *lieu*, *village*.

Quant à Lumai (Lumhem), ce nom signifie *endroit fangeux*. Lum (limus) est identique à *boue*, *fange*, *limon*. Or, cette dénomination dessine de nouveau la situation de ce hameau sur les rives de la Ghète. C'est encore une antithèse de Hougaerde, *haute terre*.

HAMEAU.

Autgaerde, altération évidente de Oudgaerde, *vieil enclos*.

DION-LE-MONT et DION-LE-VAL.

Dium, 1190, MIR ; *Diona, Divionum*, 1200, T. B. et GRAM.

On ne connaissait encore qu'un Dion en 1307. Plus tard on divisa cette commune en deux Dion : *Dion dans la plaine* et *Dion sur le mont*. Elle était située dans le Wasserwald. Son nom a quelque chose de mystérieux. Il signifie *fontaine des dieux* aussi bien en celtique qu'en bas-latin et en roman. En effet, Ausone a dit :

Divona Celtarum linguâ fons addite divis.

Ducange interprète Divona comme signifiant *fontaine des dieux*, et ajoute : « Hodiè adhùc apud Cambros, *diu*, Deum, et *vonam*, fontem significare testatur Boxhornius in Orig. Gallic. »

En roman *di*, *diw* est synonyme de dieu, et *on* (oigne) est une source, un ruisseau, ainsi qu'on l'a vu à l'article *Jodoigne*.

Ces deux endroits sont situés sur un petit ruisseau qui se jette dans la Dyle à Archennes, et ont pour hameau commun Fontenalle, Fontenelle, *la fontaine*. On sait que les Celtes, les Germains, les Gaulois et les Franks, même après leur conversion, rendaient un culte aux lacs, aux fleuves, aux fontaines. Malgré les lois des princes chrétiens et la défense des Conciles, cette superstition, comme une foule d'autres, subsista encore bien des siècles après l'établissement du christianisme dans nos contrées. Elle survit encore en Allemagne où le petit peuple place dans les lacs et dans les fleuves un génie qu'il appelle *nix*, *nik*, et il est fermement persuadé que les hommes lui doivent un tribut annuel. Ainsi quand quelqu'un a le malheur de se noyer, les plus crédules ne manquent jamais d'assurer que c'est le *nik* qu'il l'a tiré par les pieds et qui l'a étouffé dans les eaux. Il n'est pas douteux pour nous que le peuple brabançon d'origine germanique ait partagé autrefois ces erreurs. *La vallée, le ruisseau, le trou, le passage, le marais des Nickers*, que nous avons trouvés dans ces études, en sont la preuve.

———

CONCLUSION.

———

En terminant nos Études étymologiques sur le Brabant, nous éprouvons le besoin de déclarer que nous n'avons pas la prétention d'avoir touché du doigt toutes les synonymies soumises à l'appréciation du lecteur. Sans doute, il en est beaucoup de vraies, il en est un certain nombre de vraisemblables, car un voile épais dérobe assez souvent aux yeux de l'étymologiste la face des vieux noms, et malgré les efforts de ses investigations, il n'est point donné à l'homme de tout connaître.

Que d'autres chantent sur la lyre et sur la musette, que d'autres se livrent aux douces rêveries et aux fictions romantiques, c'est le goût de l'époque. Le nôtre nous porte à rappeler les jours antiques, à plonger nos regards dans les ténèbres des âges, à interroger les ruines du passé : *Antiquam exquirere matrem !* Étude pieuse, puisqu'elle a pour objet la patrie.

Mais à l'apparition de ce livre ne va-t-on pas s'écrier : A quoi bon cette science stérile, si toutefois l'étymologie est une science ? Qu'importe à l'historien de connaître la signification d'un nom de lieu ? Il doit lui suffire de savoir qu'en telle année, tel endroit a été le théâtre d'une bataille, d'un fait remarquable quelconque, et il le consigne dans les Annales.

Si l'on pouvait élever quelque doute sur l'utilité de l'étymologie pour l'historien et surtout pour le géographe, il disparaîtrait devant les considérations suivantes :

L'étymologie, en établissant l'âge approximatif des localités fait connaître si celles-ci remontent à l'époque gauloise, romaine ou saxonne. Elle découvre l'antique constitution du sol et nous montre aujourd'hui des cités opulentes dans des lieux couverts autrefois de bois, ou occupés par des marais ou des golfes. Elle nous indique les limites anciennes des vieux peuples de la Belgique, des comtés et des seigneuries ; elle nous révèle l'origine de nos aïeux ; elle nous enseigne surtout le mécanisme des vieilles langues parlées dans les diverses provinces du pays ; elle nous montre les grands travaux exécutés par les Romains au temps de l'occupation, et nous en fait retrouver les traces, quand elles ont disparu du sol que nous foulons souvent d'un pied trop indifférent ; enfin, c'est la boussole de l'archéologue à la recherche d'objets d'antiquité ; tels sont les nombreux avantages que l'on peut retirer de l'étude de l'étymologie.

Nous allons résumer ici les principales localités du Brabant où des fouilles pourraient être pratiquées avec quelque succès. Ce sont : le *Stuivenberg* et le *Tomberg* à Lennick-Sᵗ-Martin ; le *Tombeek* à Yssche ; le *Tompveld* à Woluwe-Sᵗ-Lambert ; le *Tombloc* et la *Duivelsdelle* à Watermael-Boitsfort ; les villages de *Castre*, d'*Herinnes* et d'*Herffelinghen* ; le *Volckeghem* à Assche ; les *Tombes de Noirmont* à Cortil-Noirmont ; *Dormael, Elewyt, Melckweser* ; le *Mont de Seneca* à Grimbergen ; *Halle-Boyenhoven, Hamme-Mille* ; le *Stuivenberg* à Laeken ; les environs du *Groenbaen* dans la même commune ; le *Hunsel* à Lennick-Sᵗ-Quentin ; le *Tuytenberg* et le centre de *Machelen* ; le *Pottenveld* de Merchtem et son *Weynberg* ; *Meysse, Jupleux* et la *Tombe de Noville* à Noville ; la *Tombe d'Ottignies*, le *Venusberg* à Over-Yssche ; le *Mannenbroek* à Pepingen-Beeringen ; la *Tombe d'Ottenbourg,* le *Champ de la tombe* à Wavre ; *Ten Kerkhove* à Wemmel ; *Wesemael* et les environs du *Steenweg* dans la même commune ; la *Hunnaert* à Wezenbeek ; le *Vallon d'or* à Meysse, l'*Oudebaen* à Nosseghem, le *Tombois* à Geest-Geronpont ; *Saventhem,* son *Cleinodoveld* et son *Tomberg, Schepdael* et son *Potaerdeberg* ; enfin, les villages de *Wemmel* et de *Wesemael,* le *Steevelberg* à Thollembeek ; les environs du *Herbaen* dans la même commune ; le *Tombelveld* et la ferme *Den Thoren* à Tourneppe ; le *Mont des diables* à Uccle.

———

TABLE ALPHABÉTIQUE.

NOTA. Quelques dates historiques nous ayant échappé dans le corps de l'ouvrage, on les trouvera dans cette table jointes aux noms des localités qu'elles concernent; l'étymologie de plusieurs appellatifs y est aussi modifiée et quelques *errata*, corrigés.

C

D

FIN DE LA TABLE.

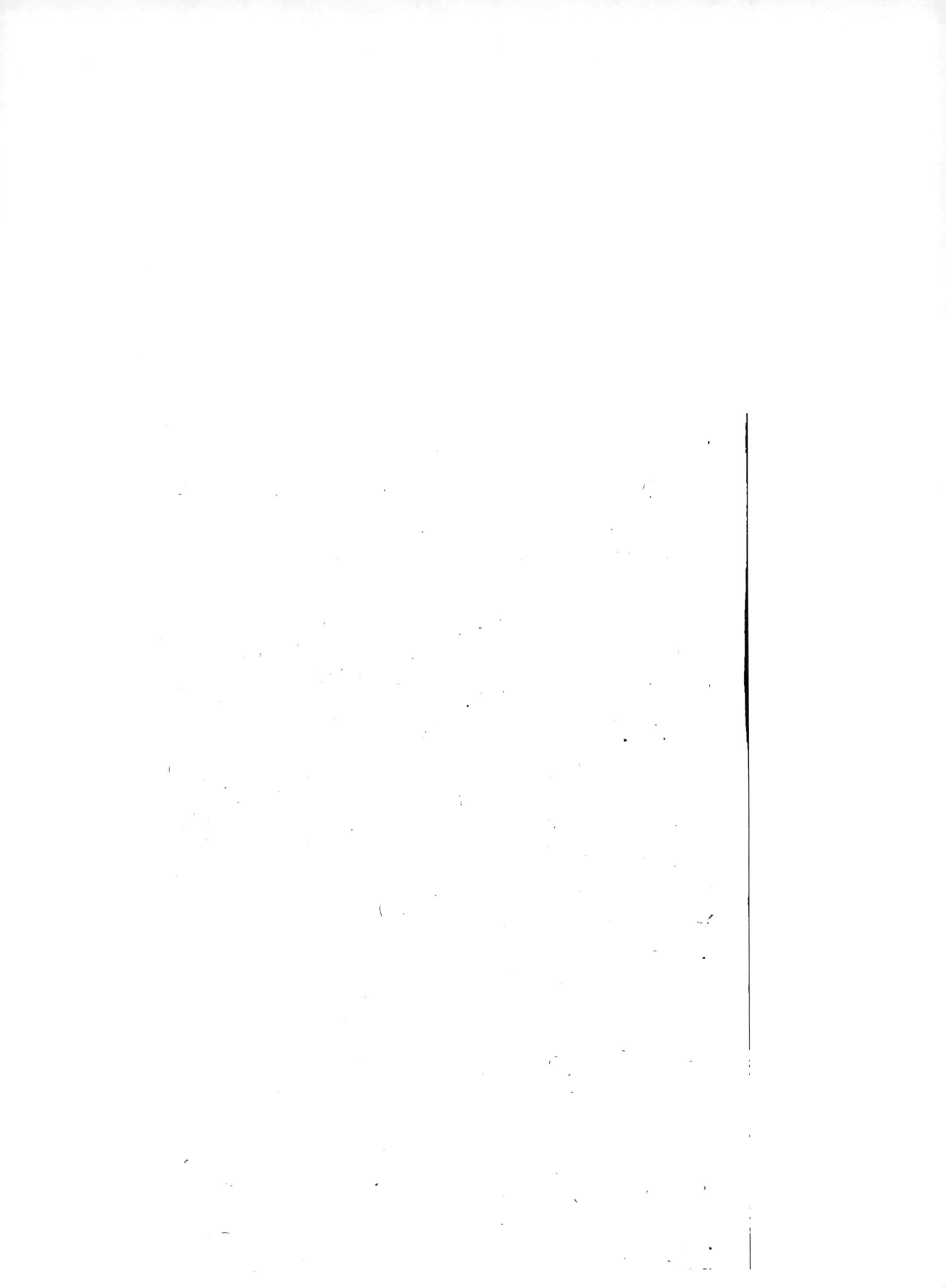

Lightning Source UK Ltd.
Milton Keynes UK
UKHW052336120223
416755UK00024B/673

9 781246 367089